GRAMÁTICA

MARCHA CRIANÇA

1º ANO

CB138628

Maria Teresa Marsico

Professora graduada em Letras pela Universidade Federal do Rio de Janeiro (UFRJ) e em Pedagogia pela Sociedade Unificada de Ensino Superior Augusto Motta. Atuou por mais de trinta anos como professora de Educação Infantil e Ensino Fundamental das redes municipal e particular de ensino no município do Rio de Janeiro.

Maria Elisabete Martins Antunes

Professora graduada em Letras pela Universidade Federal do Rio de Janeiro (UFRJ). Atuou durante trinta anos como professora titular em turmas do 1º ao 5º ano na rede municipal de ensino do Rio de Janeiro.

Armando Coelho de Carvalho Neto

Atua desde 1981 com alunos da rede oficial de ensino e professores das redes oficial e particular do Rio de Janeiro. Desenvolve pesquisas e estudos sobre metodologias e teorias modernas de aprendizado. É autor de obras didáticas para Ensino Fundamental e Educação Infantil desde 1993.

Agora você também consegue acessar o *site* exclusivo da **Coleção Marcha Criança** por meio deste QR code.

Basta fazer o *download* de um leitor QR code e posicionar a câmera de seu celular ou *tablet* como se fosse fotografar a imagem acima.

editora scipione

editora scipione

Diretoria editorial
Lidiane Vivaldini Olo
Gerência editorial
Luiz Tonolli
Editoria de Anos Iniciais
Tatiany Telles Renó
Edição
Miriam Mayumi Nakamura e
Duda Albuquerque / DB Produções Editoriais (colaborador)
Gerência de produção editorial
Ricardo de Gan Braga
Arte
Andréa Dellamagna (coord. de criação),
Gláucia Correa Koller (progr. visual de capa e miolo),
Leandro Hiroshi Kanno (coord. de arte),
Fábio Cavalcante (editor de arte) e
JS Design Comunicação Visual (diagram.)
Revisão
Hélia de Jesus Gonsaga (ger.),
Rosângela Muricy (coord.),
Gabriela Macedo de Andrade,
Paula Teixeira de Jesus, Vanessa de Paula Santos,
Brenda Morais e Gabriela Miragaia (estagiárias)
Iconografia
Sílvio Kligin (superv.),
Denise Durand Kremer (coord.),
Ellen Silvestre (pesquisa),
Cesar Wolf e Fernanda Crevin (tratamento de imagem)
Ilustrações
ArtefatoZ (capa) e Ilustra Cartoon (aberturas de unidade e miolo)

Direitos desta edição cedidos à Editora Scipione S.A.
Av. das Nações Unidas, 7221, 1º andar, Setor D
Pinheiros – São Paulo – SP – CEP 05425-902
Tel.: 4003-3061
www.scipione.com.br / atendimento@scipione.com.br

Dados Internacionais de Catalogação na Publicação (CIP)
(Câmara Brasileira do Livro, SP, Brasil)

Marsico, Maria Teresa
Marcha criança : gramática / Maria Teresa Marsico, Armando Coelho de Carvalho Neto, Maria Elisabete Martins Antunes. – 2. ed. – São Paulo : Scipione, 2016.
Obra em 5 v. para alunos do 1º ao 5º ano.
Bibliografia.
1. Português - Gramática (Ensino fundamental) I. Carvalho Neto, Armando Coelho de. II. Antunes, Maria Elisabete Martins. III. Título.

16-01779 CDD–372.61

Índices para catálogo sistemático:
1. Gramática : Português : Ensino fundamental 372.61
2. Português : Gramática : Ensino fundamental 372.61

2017
ISBN 978 85262 9857 6 (AL)
ISBN 978 85262 9858 3 (PR)
Cód. da obra CL 738835
CAE 565 601 (AL) / 565 602 (PR)

2ª edição
3ª impressão

Impressão e acabamento
Vox Gráfica

Os textos sem referência são de autoria de Maria Teresa Marsico, Maria Elisabete Martins Antunes e Armando Coelho.

APRESENTAÇÃO

CARO ALUNO, CARA ALUNA,

PENSANDO EM AJUDÁ-LOS A SE TORNAR LEITORES E ESCRITORES COMPETENTES, APRESENTAMOS AGORA A COLEÇÃO **MARCHA CRIANÇA GRAMÁTICA**, TOTALMENTE REFORMULADA.

NELA VOCÊS ENCONTRAM ATIVIDADES QUE DEVEM PREPARÁ-LOS PARA DOMINAR UMA DAS MAIORES REALIZAÇÕES HUMANAS: O ATO DE ESCREVER!

DESCOBRINDO ALGUNS SEGREDOS DA LÍNGUA PORTUGUESA, COMO A COMBINAÇÃO DE SINAIS, LETRAS, PALAVRAS, IDEIAS, VOCÊS VÃO DAR FORMA A TEXTOS E SENTIR CADA VEZ MAIS O PRAZER DE LER E ESCREVER. TAMBÉM VÃO SE DIVERTIR COM O CADERNO DE JOGOS!

ESPERAMOS QUE GOSTEM DA COLEÇÃO E COM ELA APRENDAM MUITO!

BONS ESTUDOS!

OS AUTORES.

ArtefatoZ/Arquivo da editora

CONHEÇA SEU LIVRO

VEJA A SEGUIR COMO O SEU LIVRO ESTÁ ORGANIZADO.

UNIDADE

SEU LIVRO ESTÁ ORGANIZADO EM QUATRO UNIDADES, COM ABERTURAS EM PÁGINAS DUPLAS. EM **O QUE VOU ESTUDAR?** VOCÊ ENCONTRA OS TÓPICOS DO QUE VAI APRENDER NA RESPECTIVA UNIDADE.

CAPÍTULO

CADA UNIDADE SUBDIVIDE-SE EM CAPÍTULOS. AS ABERTURAS DOS CAPÍTULOS TRAZEM TEXTOS E IMAGENS QUE INTRODUZEM O ASSUNTO QUE SERÁ TRABALHADO. ALGUMAS DEFINIÇÕES DE CONTEÚDO SÃO DESTACADAS EM BOXES.

ORTOGRAFIA

NESTA SEÇÃO, VOCÊ VAI CONHECER REGRAS ORTOGRÁFICAS E REALIZAR VÁRIAS ATIVIDADES PARA FIXAR SEU APRENDIZADO.

FIQUE POR DENTRO!

O BOXE **FIQUE POR DENTRO!** TRAZ DICAS E LEMBRETES QUE VÃO FACILITAR SEUS ESTUDOS.

ATIVIDADES

NESTA SEÇÃO, VOCÊ VAI APLICAR E RETOMAR AS PRINCIPAIS IDEIAS DO QUE APRENDEU NA ABERTURA DO CAPÍTULO. ALGUMAS ATIVIDADES SÃO ACOMPANHADAS DE ÍCONES, QUE INDICAM QUANDO ELAS DEVEM SER FEITAS ORALMENTE, NO CADERNO OU EM GRUPO.

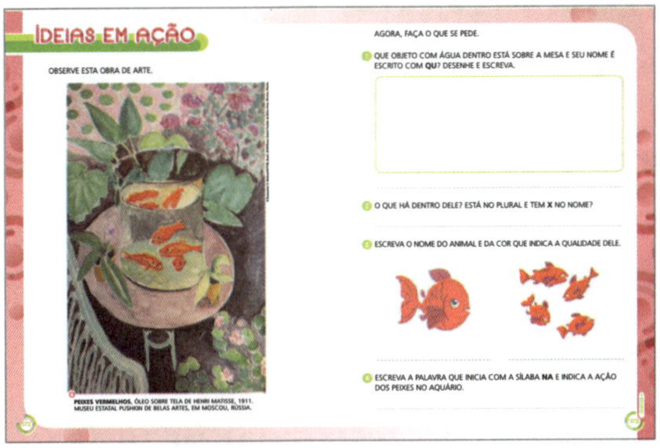

IDEIAS EM AÇÃO

ESTA SEÇÃO APARECE AO FINAL DE CADA UNIDADE, EM PÁGINA DUPLA. COM BASE EM UMA IMAGEM, SÃO RETOMADOS ALGUNS CONTEÚDOS ESTUDADOS NO DECORRER DA UNIDADE.

NO DIA A DIA

NESTA SEÇÃO, VOCÊ VAI ESTUDAR A GRAMÁTICA EM SITUAÇÕES DE USO E COMPREENDER QUE ELA ESTÁ PRESENTE EM NOSSO DIA A DIA.

SUGESTÕES DE LEITURA

NO FINAL DO LIVRO, VOCÊ VAI ENCONTRAR INDICAÇÕES DE LEITURA PARA COMPLEMENTAR SEUS ESTUDOS.

QUANDO VOCÊ ENCONTRAR ESTES ÍCONES, FIQUE ATENTO!

ATIVIDADE EM GRUPO

ATIVIDADE NO CADERNO

ATIVIDADE ORAL

MATERIAL DE APOIO

COM O **CADERNO DE JOGOS**, VOCÊ VAI ESTUDAR A GRAMÁTICA DE UM JEITO MUITO DIVERTIDO!

SUMÁRIO

UNIDADE 1

O QUE VOU ESTUDAR?

- A LINGUAGEM E A COMUNICAÇÃO
- AS LETRAS DO ALFABETO
- ORDEM ALFABÉTICA
- VOGAIS E CONSOANTES
- ENCONTROS VOCÁLICOS
- LETRAS COM SOM PARECIDO: **P E B; C E G; T E D; F E V**

1
2
3
4
5
6
7
8
9
10

CAPÍTULO 1

A LINGUAGEM E A COMUNICAÇÃO

ACOMPANHE A LEITURA DO PROFESSOR.

HÁ MILHARES DE ANOS, QUANDO A ESCRITA AINDA NÃO EXISTIA, AS PESSOAS DESENHAVAM E PINTAVAM NAS PAREDES PARA TRANSMITIR MENSAGENS. ESSES DESENHOS CONTAVAM HISTÓRIAS E ACONTECIMENTOS.

ATUALMENTE, USAMOS MUITAS FORMAS DE LINGUAGEM PARA NOS COMUNICARMOS UNS COM OS OUTROS. VEJA:

COM PALAVRAS

FALANDO

Rohappy/Shutterstock

ESCREVENDO

Andrey_Popov/Shutterstock

SEM PALAVRAS

GESTOS

Iko/Shutterstock

SÍMBOLOS

Tanuha2001/Shutterstock

ATIVIDADES

1 VOCÊ APRENDEU QUE OS SÍMBOLOS TAMBÉM SÃO LINGUAGEM. MARQUE UM **X** NOS SÍMBOLOS QUE VOCÊ CONHECE E EXPLIQUE AOS COLEGAS O QUE ELES SIGNIFICAM.

FocusDezign/Shutterstock

Shutterstock/Imageplus

Jeremy Wee/Shutterstock/Imageplus

Jeremy Wee/Shutterstock/Imageplus

Andrija Markovic/Shutterstock/Imageplus

Stephen Finn/Shutterstock/Imageplus

Imagedb.com/Shutterstock

Dawn Hudson/Shutterstock/Imageplus

2 A HISTÓRIA EM QUADRINHOS, COM OU SEM PALAVRAS, TAMBÉM É LINGUAGEM.

CASCÃO, DE MAURICIO DE SOUSA. SÃO PAULO: PANINI COMICS, N. 6, OUT. 2015.

RESPONDA ORALMENTE.

A) NO PRIMEIRO QUADRINHO, O QUE SIGNIFICA O SÍMBOLO NO BALÃO DE FALA DO CASCÃO? E O GESTO QUE ELE FAZ?

B) NO SEGUNDO QUADRINHO, O QUE SIGNIFICAM AS CORES DOS LATÕES? POR QUE O MENINO OLHA SURPRESO PARA ELES?

C) NO TERCEIRO QUADRINHO, O QUE VOCÊ IMAGINA QUE O MENINO FALA PARA O CASCÃO?

D) NO ÚLTIMO QUADRINHO, POR QUE A EXPRESSÃO DO ROSTO DO CASCÃO NÃO É IGUAL À DO TERCEIRO QUADRINHO?

3 OBSERVE O QUE HÁ DENTRO DE CADA QUADRO. DEPOIS, PINTE A MOLDURA DOS QUADROS CONFORME O CÓDIGO.

 FIGURAS  LETRAS  NÚMEROS

- AGORA, COMPLETE CADA QUADRO COM OUTROS NÚMEROS, FIGURAS E LETRAS.

4 O CAMINHO QUE LEVA A MENINA ATÉ O LIVRO TEM APENAS LETRAS. DESCUBRA O CAMINHO E TRACE-O.

NO DIA A DIA

1 VOCÊ DEVE ENCONTRAR MUITAS PALAVRAS, LETRAS, DESENHOS E NÚMEROS NA ESCOLA ONDE ESTUDA E NO CAMINHO DE CASA PARA A ESCOLA. REGISTRE NO QUADRO ABAIXO O QUE VOCÊ MAIS VÊ, USANDO O DESENHO E A ESCRITA.

2 OBSERVE AS PLACAS A SEGUIR E, COM A AJUDA DO PROFESSOR, IDENTIFIQUE O QUE CADA UMA DELAS REPRESENTA.

CAPÍTULO 2

AS LETRAS DO ALFABETO

TODAS AS COISAS TÊM NOME E AS PESSOAS TAMBÉM.

OBSERVE A CENA E MOSTRE COM O DEDO ONDE HÁ NOMES.

NOS NOMES QUE VOCÊ ENCONTROU APARECEM VÁRIAS LETRAS. COM AS LETRAS PODEMOS ESCREVER AS PALAVRAS. OBSERVE.

BIA

ARTUR

ESCOLA

BIBLIOTECA

AS LETRAS SÃO SINAIS QUE UTILIZAMOS PARA ESCREVER. ELAS PODEM SER DE DIFERENTES FORMAS. VEJA:

Sergio Dotta Jr./Arquivo da editora

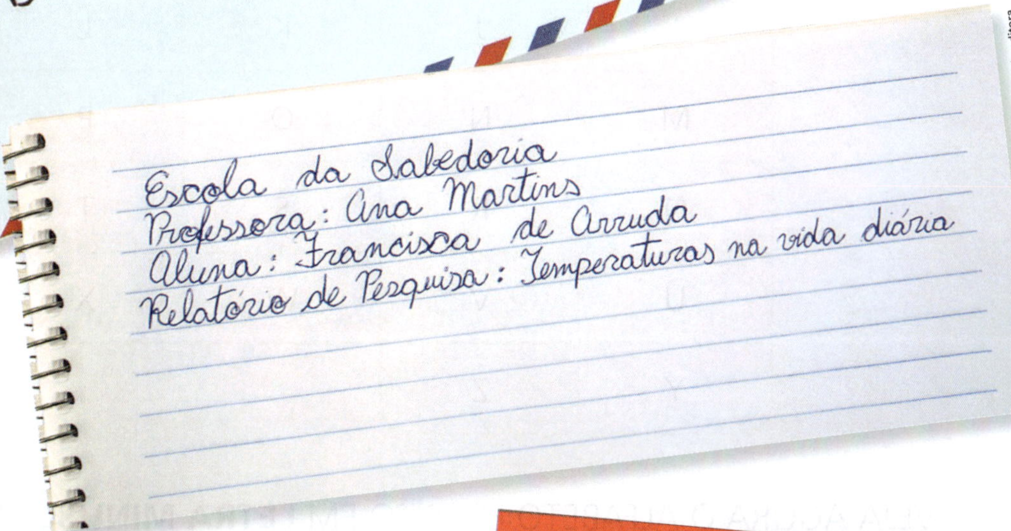

Sergio Dotta Jr./Arquivo da editora

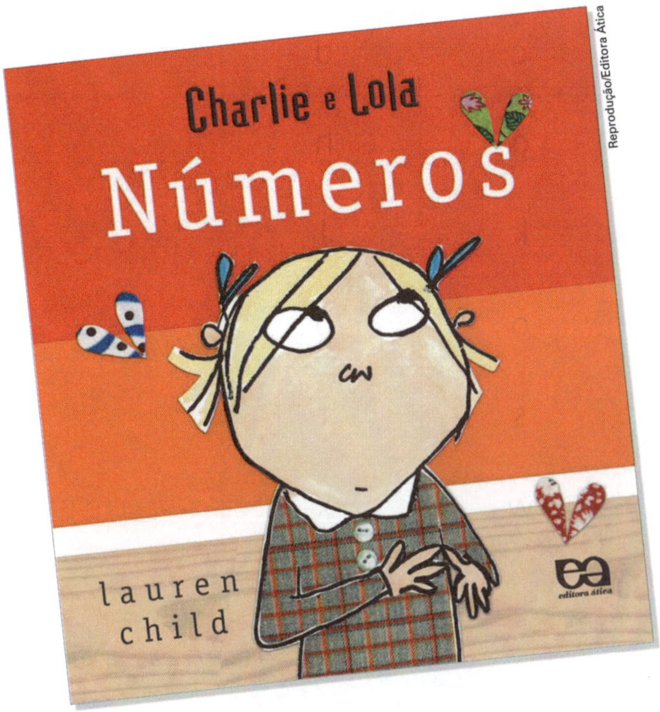

Reprodução/Editora Ática

Divulgação/Editora Abril

NA LÍNGUA PORTUGUESA EXISTEM 26 LETRAS.

O CONJUNTO DAS LETRAS QUE USAMOS PARA ESCREVER CHAMA-SE **ALFABETO**.

VEJA O ALFABETO DA LÍNGUA PORTUGUESA EM **LETRA MAIÚSCULA**. LEIA-O COM OS COLEGAS.

A	B	C	D
E	F	G	H
I	J	K	L
M	N	O	P
Q	R	S	T
U	V	W	X
Y	Z		

VEJA AGORA O ALFABETO ESCRITO EM **LETRA MINÚSCULA**.

a	b	c	d
e	f	g	h
i	j	k	l
m	n	o	p
q	r	s	t
u	v	w	x
y	z		

LETRA CURSIVA

A LETRA CURSIVA É UTILIZADA PELA MAIORIA DAS PESSOAS QUANDO SE ESCREVE À MÃO.

LETRAS CURSIVAS MAIÚSCULAS

A B C D E F

G H I J K L M

N O P Q R S

T U V W X Y Z

LETRAS CURSIVAS MINÚSCULAS

a b c d e f

g h i j k l m

n o p q r s

t u v w x y z

ATIVIDADES

1 CIRCULE A PRIMEIRA LETRA DOS NOMES E COPIE-A NO CÍRCULO.

ABELHA

BOI

COALA

DADO

EMA

FOCA

GATO

HIENA

IGLU

JABUTI

KÁTIA

LOBO

MACACO

NINHO

OVELHA

PANDA

QUATI

RAPOSA

SAPO

TATU

URSO

VACA

WENDEL

XÍCARA

YARA

ZEBRA

2 RECORTE DE JORNAIS E REVISTAS AS LETRAS QUE FORMAM SEU PRIMEIRO NOME E COLE-AS ABAIXO.

- AGORA, RESPONDA: QUANTAS LETRAS TEM SEU NOME?

3 PINTE A PRIMEIRA LETRA DO NOME DAS FIGURAS.

Elena Schweitzer/Shutterstock

D B G V A K L R O

Elenaphotos21/Shutterstock

Y U O P A I V F S

4 FAÇA UM **X** NO BILHETE ESCRITO EM LETRA CURSIVA.

MAMÃE,

FUI AO PARQUE
COM A TITIA.

BEIJOS,

CAROL

Mamãe,

Fui ao parque
com a titia.
Beijos,

Carol

5 PINTE DA MESMA COR AS PALAVRAS IGUAIS.

CASA	vovô	floresta	leão
floresta	leão	VOVÔ	casa
vovô	casa	LEÃO	FLORESTA

6 CIRCULE AS LETRAS MAIÚSCULAS QUE APARECEM NO POEMA.

Lá vai o trem...
Pra onde vai?
Vai levar três cavalheiros,
Todos três chapéu na mão,
Para ver a Margarida,
No seu castelo escondida.
E a Terezinha, meu bem?
Ficou no chão, estendida.

CANTIGA DE TREM, DE SANDRA LOPES.
SÃO PAULO: PRUMINHO, 2011.

7 USAMOS LETRA INICIAL MAIÚSCULA EM NOMES DE PESSOAS. ESCREVA COM LETRA CURSIVA:

- O SEU NOME;

....

- O NOME DAS DUAS MULHERES CITADAS NO POEMA.

....

NO DIA A DIA

A ESCRITA É UTILIZADA EM MUITAS SITUAÇÕES DO NOSSO COTIDIANO.

1 VEJA EXEMPLOS DE COMO A LETRA CURSIVA PODE SER UTILIZADA E FAÇA UM **X** NAS SITUAÇÕES EM QUE ELA COSTUMA SER USADA EM SUA CASA.

ANOTAR RECADOS

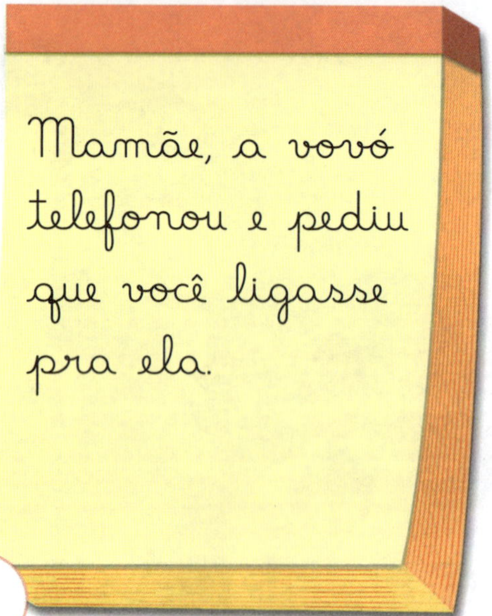

FAZER LISTA DE COMPRAS

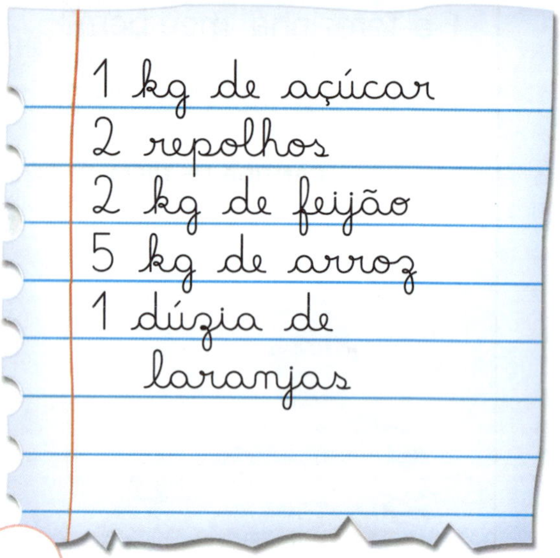

ENVIAR CARTÕES

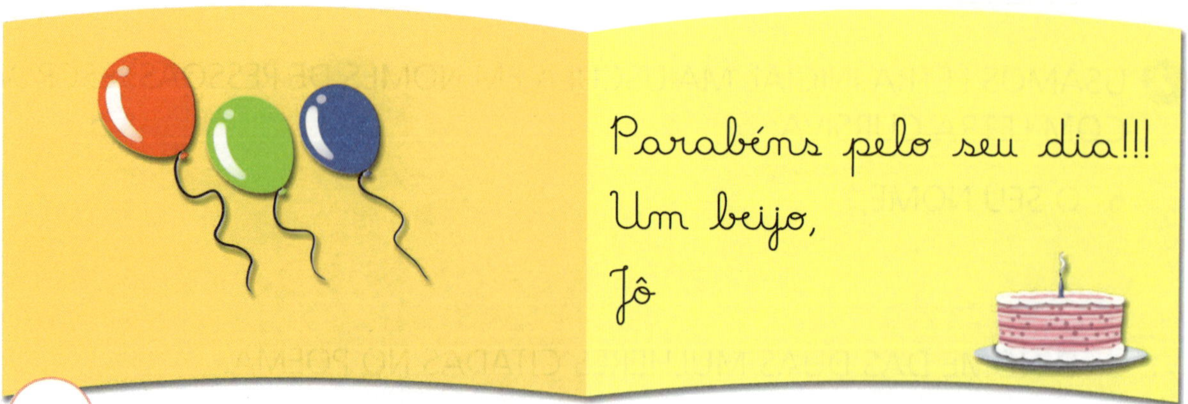

2 AGORA, VEJA ALGUNS EXEMPLOS DE COMO A LETRA DE IMPRENSA PODE SER UTILIZADA E FAÇA UM **X** NOS CASOS QUE VOCÊ CONHECE.

JORNAL

Folhapress

FOLHETO

Reprodução

EMBALAGEM

Luisa Leal Photography/Shutterstock

ORTOGRAFIA

PALAVRAS COM B E P

BOLA

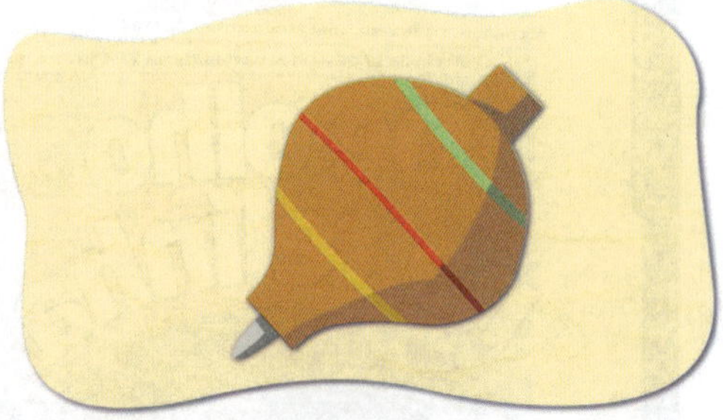

PIÃO

1 VOCÊ CONHECE ESTES BRINQUEDOS?

PETECA

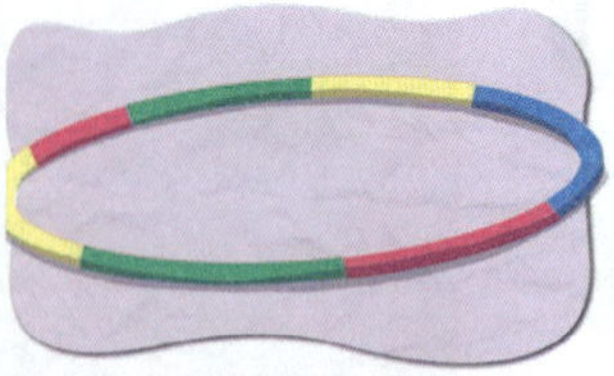

BAMBOLÊ

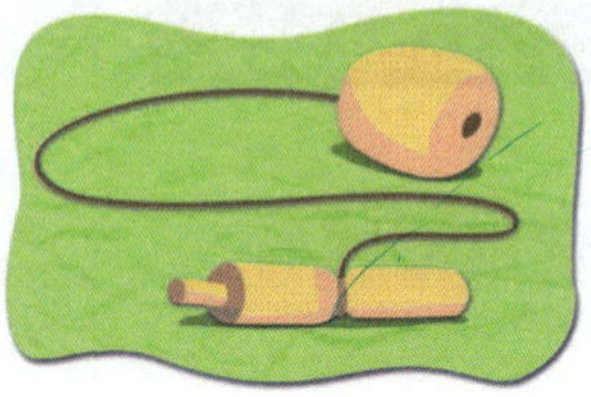

BILBOQUÊ

PIPA

2 AGRUPE O NOME DOS BRINQUEDOS ACIMA DE ACORDO COM A LETRA INICIAL DE CADA UM.

B	P

FIQUE POR DENTRO!

O SOM DAS LETRAS **B** E **P** É BEM PARECIDO.

3 CIRCULE A PALAVRA QUE INDICA O NOME DE CADA FIGURA.

			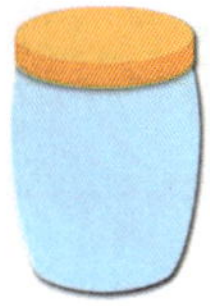
BOLO	PULE	BATO	BOTE
POVO	BULE	PATO	POTE

4 LEIA ESTES DOIS TEXTOS COM OS COLEGAS E O PROFESSOR.

B É BALA, BELA E BOLA.
B É BULA DE REMÉDIO TAMBÉM.
QUANDO ESTOU COM FOME,
B É BANANA, BOLACHA E BISCOITO.

P É PATUSCADA!
UM PATO TOCANDO PIANOLA,
DOIS PERUS TININDO PRATOS.
TRÊS PAPAGAIOS RUFANDO PANDEIROS,
QUATRO PINGUINS BATENDO PANELAS.

UM MUNDO CHAMADO ALFABETO, DE MARCO HAILER. SÃO PAULO: CAROCHINHA, 2014.

- AGORA, ESCREVA UMA PALAVRA INICIADA COM **B** E OUTRA INICIADA COM **P** QUE VOCÊ ENCONTROU NOS TEXTOS ACIMA.

....

....

....

CAPÍTULO 3

ORDEM ALFABÉTICA

AS LETRAS DO ALFABETO ESTÃO ORGANIZADAS EM UMA SEQUÊNCIA CHAMADA ORDEM ALFABÉTICA.

NUMERE A SEQUÊNCIA DAS 26 LETRAS.

a A	b B	c C	d D	e E	f F
g G	h H	i I	j J	k K	l L
m M	n N	o O	p P	q Q	r R
s S	t T	u U	v V	w W	x X
y Y	z Z				

- AGORA, CIRCULE A LETRA INICIAL DO SEU NOME E DIGA EM QUE ORDEM ELA APARECE NO ALFABETO.

OBSERVE ESTAS CRIANÇAS.

ELAS SE ORGANIZARAM NA FILA DE ACORDO COM A ORDEM ALFABÉTICA DOS RESPECTIVOS NOMES.

ATIVIDADES

1. LIGUE AS LETRAS, SEGUINDO A ORDEM EM QUE ELAS APARECEM NO ALFABETO. VOCÊ VAI DESCOBRIR UM ANIMAL QUE DESAPARECEU DA TERRA MUITO ANTES DO SURGIMENTO DO PRIMEIRO SER HUMANO.

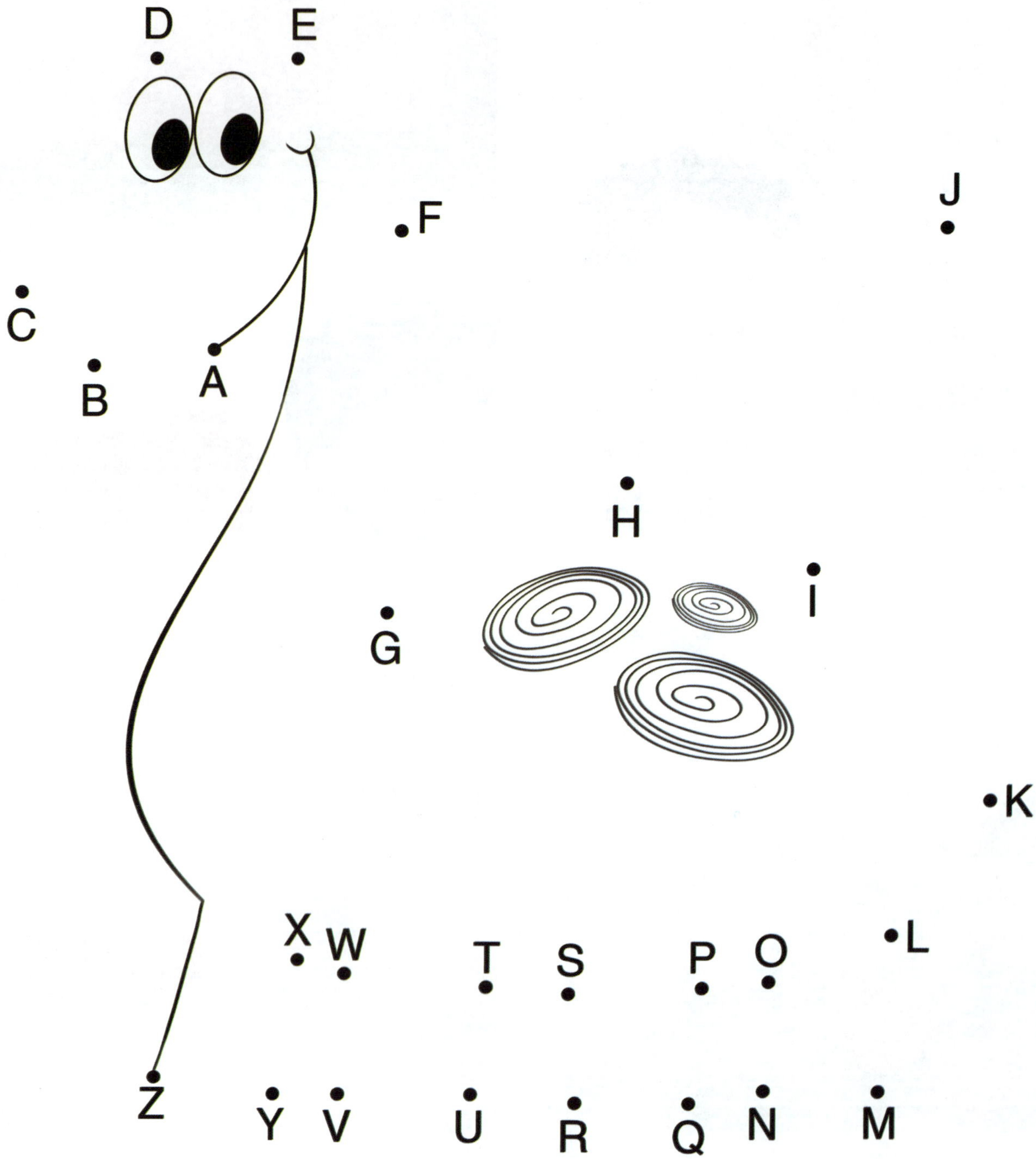

2 QUAL É A LETRA INICIAL DO NOME DESTES ALUNOS?

- AGORA, ESCREVA O NOME DESSES ALUNOS EM ORDEM ALFABÉTICA.

....

....

....

....

....

....

- COMPLETE A FRASE.

PELA ORDEM ALFABÉTICA, **HUGO** VEM DEPOIS DE ....

E ANTES DE ....

NO DIA A DIA

NAS AGENDAS TELEFÔNICAS, OS NOMES DAS PESSOAS SÃO ORGANIZADOS EM ORDEM ALFABÉTICA.

VEJA TRÊS PÁGINAS DE UMA AGENDA.

A

NOME	TELEFONE
ALINE	3413 2891
ANDRÉ	4534 1295
ARTUR	9834 0031

D

NOME	TELEFONE
DAVI	4993 8765
DIOGO	3561 2400
DUDA	6976 5432

H

NOME	TELEFONE
HELENA	0001 4321
HORÁCIO	1919 8877
HUGO	4400 4320

1. RESPONDA ORALMENTE.
   - POR QUE VOCÊ ACHA QUE OS NOMES SÃO ORGANIZADOS DESSA FORMA NAS AGENDAS?

2 VAMOS FAZER UMA LISTA DE NOMES, TELEFONES E DATAS DE ANIVERSÁRIO DOS COLEGAS DA CLASSE? ASSIM VOCÊ PODE COMEMORAR COM A TURMA O SEU ANIVERSÁRIO E O DOS COLEGAS!

- ESCREVA ABAIXO O NOME (EM ORDEM ALFABÉTICA), O TELEFONE E A DATA DE ANIVERSÁRIO DE CADA UM.

NOME	TELEFONE	DATA DO ANIVERSÁRIO

ORTOGRAFIA

PALAVRAS COM C E G

CAVALO

GALO

1 ACOMPANHE A LEITURA DO TEXTO A SEGUIR.

CAVALO-MARINHO

CACASO

GALOPA CAVALO-MARINHO
ME ENSINA O CAMINHO
QUE DEVO TOMAR
SOLTA AS CRINAS NO VENTO
GALOPA NO VENTO
CAVALO DO MAR

POEMAS QUE ESCOLHI PARA AS CRIANÇAS. SELEÇÃO DE RUTH ROCHA. SÃO PAULO: MODERNA, 2013.

- ESCREVA AS PALAVRAS DO TEXTO QUE COMEÇAM COM:

GA ....

CA ....

FIQUE POR DENTRO!

O SOM DAS LETRAS **C** E **G** É BEM PARECIDO.

2 CIRCULE O NOME CORRETO DAS FIGURAS.

COLA

GOLA

FICO

FIGO

3 ESCREVA A PRIMEIRA LETRA DO NOME DE CADA FIGURA E FORME PALAVRAS.

		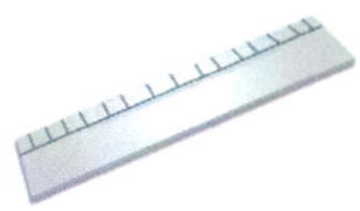		
....	....	....	....	....

....	....	....	....	....	....

4 CIRCULE AS PALAVRAS QUE O PROFESSOR DITAR.

LAGARTO	GOIABA	CORTINA
MORCEGO	CORUJA	CANGURU
GORILA	CAMELO	CACAU

- AGORA, ESCOLHA UMA DAS PALAVRAS QUE VOCÊ CIRCULOU E DESENHE O QUE ELA REPRESENTA.

CAPÍTULO 4

VOGAIS E CONSOANTES

VOCÊ JÁ APRENDEU QUE O ALFABETO DA LÍNGUA PORTUGUESA TEM 26 LETRAS.

- COMPLETE O ALFABETO COM AS LETRAS QUE FALTAM.

	B	C	D		F	G
H		J	K	L	M	N
	P	Q	R	S	T	
V	W	X	Y	Z		

AS LETRAS QUE VOCÊ ESCREVEU NOS QUADRINHOS SÃO AS VOGAIS:

A	E	I	O	U
a	e	i	o	u

AS OUTRAS LETRAS SÃO AS CONSOANTES:

B	C	D	F	G	H	J	K	L	M	N
b	c	d	f	g	h	j	k	l	m	n

P	Q	R	S	T	V	W	X	Y	Z
p	q	r	s	t	v	w	x	y	z

FIQUE POR DENTRO!

AS LETRAS DO ALFABETO SÃO AGRUPADAS EM **VOGAIS** E **CONSOANTES**.

ATIVIDADES

1 ESCREVA SEU NOME NO QUADRO E CIRCULE AS VOGAIS.

2 QUANTAS VOGAIS HÁ NO SEU NOME?

3 QUAIS LETRAS DO SEU NOME VOCÊ NÃO CIRCULOU?

4 ESSAS LETRAS SÃO:

VOGAIS.

CONSOANTES.

5 LEIA AS PALAVRAS A SEGUIR E ESCREVA NOS CÍRCULOS A QUANTIDADE DO QUE SE PEDE.

BICICLETA

LETRAS

VOGAIS

CONSOANTES

AMARELINHA

LETRAS

VOGAIS

CONSOANTES

6 COMPLETE A CANTIGA COM AS VOGAIS E AS CONSOANTES QUE ESTÃO FALTANDO. DEPOIS, PINTE A FIGURA.

C.........PE.........INHA DE ....ELÃO

É DE SÃ......... J.........ÃO,

É D......... CRA.........O, É ....E ....OS.........,

É DE M.........NJER.........CÃO.

CANTIGA POPULAR.

7 ESCREVA VOGAIS PARA COMPLETAR O NOME DAS FIGURAS.

B.........L.........

B.........L.........

B.........L.........

B.........L.........

8 AGORA, USE CONSOANTES E FORME PALAVRAS DIFERENTES.

.........AI ....AI ....AI ....AI

ORTOGRAFIA

PALAVRAS COM D E T

1. LEIA AS PALAVRAS DO QUADRO.

DAMASCO	TANGERINA	TEMPERO
DOCE DE LEITE	TOMATE	DETERGENTE

- AGORA, AGRUPE AS PALAVRAS DO QUADRO, DE ACORDO COM A LETRA INICIAL DE CADA UMA DELAS .

T	D
....	....
....	....
....	....

2. LEIA AS PARLENDAS ABAIXO COM OS COLEGAS E COMPLETE-AS COM AS PALAVRAS DO QUADRO.

TATU	DEDO

① .... MINDINHO,
SEU-VIZINHO,
PAI DE TODOS,
FURA-BOLO,
MATA-PIOLHO.

② VIVA EU,
VIVA TU,
VIVA O RABO
DO ....

PARLENDAS POPULARES.

3 TROQUE A LETRA **T** PELA LETRA **D** E DESCUBRA OUTRAS PALAVRAS.

TIA: .... MOTO: ....

NATA: .... GATO: ....

4 COMPLETE AS PALAVRAS DA LISTA DE CONVIDADOS USANDO **D** OU **T**.

RI......A HEI......OR

......A......IANA ......ANIELA

......ORINHA E......UAR......O

RICAR......O A......RIANA

ROBER......O SEBAS......IÃO

......ENISE

5 LEIA ESTES QUADRINHOS COM OS COLEGAS.

MÔNICA, DE MAURICIO DE SOUSA. SÃO PAULO: PANINI COMICS, N. 6, OUT. 2015.

A) QUE PALAVRA COMEÇA COM **D** NO PRIMEIRO QUADRINHO?

....

B) QUE PALAVRAS COMEÇAM COM **T** NO SEGUNDO QUADRINHO?

....

CONVERSE COM OS COLEGAS.

- QUAL É O NOME DO LIVRO QUE O CEBOLINHA ESTÁ LENDO? POR QUE ELE ESTÁ RINDO?
- VOCÊ SABE PARA QUE SERVE UM LIVRO COMO ESSE?

CAPÍTULO 5

ENCONTROS VOCÁLICOS

ZÉ CARIOCA ESTÁ MUITO DISTRAÍDO OLHANDO O CALENDÁRIO. O QUE VOCÊ ACHA QUE PODE ACONTECER?

Abril Jovem/Editora Abril

ZÉ CARIOCA. SÃO PAULO: ABRIL, N. 2334 [S.D.].

- AGORA, OBSERVE AS LETRAS DESTACADAS NAS PALAVRAS ABAIXO.

ZÉ CAR**IO**CA SEXTA-F**EI**RA

IO **EI**

ENCONTRO DE VOGAIS

QUANDO DUAS OU TRÊS VOGAIS APARECEM JUNTAS, ELAS FORMAM UM **ENCONTRO VOCÁLICO**.

LEIA OS QUADRINHOS E OBSERVE AS PALAVRAS DESTACADAS.

ALMANAQUE HISTORINHAS DE DUAS PÁGINAS, TURMA DA MÔNICA, DE MAURICIO DE SOUSA. SÃO PAULO: PANINI COMICS, N. 1, SET. 2007.

AS PALAVRAS DESTACADAS NOS BALÕES DE FALA SÃO FORMADAS SOMENTE POR VOGAIS.

ATIVIDADES

1 CIRCULE OS ENCONTROS VOCÁLICOS DOS NOMES DE ANIMAIS.

Keneva Photography/Shutterstock

GAVIÃO

Jaroslav Moravsik/Shutterstock

DINOSSAURO

Miles Away Photography/Shutterstock

BALEIA

PurestockX/Other Images

LEÃO

Fotosav/Shutterstock

PEIXE

Tom Reichner/Shutterstock

COELHO

2 JUNTE AS VOGAIS E FORME PALAVRAS. UTILIZE LETRA CURSIVA.

E + U → ....

O + I → ....

A + I → ....

A + U → ....

- QUE PALAVRAS FORMADAS COMBINAM COM AS CENAS ABAIXO? ESCREVA-AS NOS BALÕES DE FALA.

3 LEVE O MENINO ATÉ O ESCORREGADOR. **DICA**: O CAMINHO CERTO É O QUE TEM SÓ PALAVRAS COM ENCONTRO VOCÁLICO.

- AGORA, COPIE AS PALAVRAS DO CAMINHO PELO QUAL O MENINO PASSOU E CIRCULE OS ENCONTROS VOCÁLICOS.

....

....

4 VAMOS COMPLETAR A HISTÓRIA? LEIA AS PALAVRAS DAS FICHAS E COPIE-AS NOS BALÕES CORRETOS.

AU, AU, AU!	UÉ?	OI!	EI

ORTOGRAFIA

PALAVRAS COM F E V

FOCA

VACA

1 LEIA ESTES DOIS TRAVA-LÍNGUAS.

F

FAUSTO FISGA O FLORETE
FISGA FLAUTA, FRUTAS, FLORES
FAZ DAS FITAS DA FOLIA
FESTA PARA SEUS AMORES

V

O VAMPIRO VALDOMIRO
VOA VIGOROSAMENTE
VAI DANÇAR LÁ NA VARSÓVIA
CRUZA O VALE VELOZMENTE
VALSA A NOITE INTEIRINHA
VIVE A VIDA AVIDAMENTE

ABC DO TRAVA-LÍNGUA, DE ROSINHA. SÃO PAULO: ED. DO BRASIL, 2012.

FIQUE POR DENTRO!

AS LETRAS **F** E **V** TÊM SONS PARECIDOS.

2 ESCREVA **F** OU **V** PARA COMPLETAR O NOME DOS ANIMAIS.

.......OCA ....ORMIGA ....AGA-LUME PA.......ÃO

3 COMPLETE ESTA QUADRINHA COM NOMES DE PESSOAS.

COM **A** ESCREVO AMOR

COM **P** ESCREVO PAIXÃO

COM **F** ESCREVO ....

E COM **V** ESCREVO ....

4 TROQUE A LETRA DESTACADA E, DE ACORDO COM A FIGURA, FORME OUTRA PALAVRA.

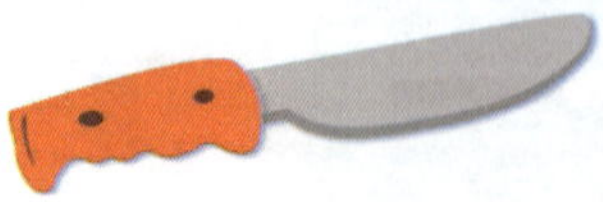

F A C A

( ) ( ) ( ) ( )

V A R I N H A

( ) ( ) ( ) ( ) ( ) ( ) ( )

- AGORA, ESCOLHA DUAS PALAVRAS DOS QUADROS ACIMA E ESCREVA UMA FRASE COM ELAS.

....

....

5 LEIA PARTE DESTAS PÁGINAS DE DICIONÁRIO COM OS COLEGAS E O PROFESSOR.

FANTASIAS SÃO ROUPAS ESPECIAIS, BEM DIFERENTES, BONITAS OU ENGRAÇADAS, QUE A GENTE VESTE PARA BRINCAR, OU IR A FESTAS. NÃO SÃO ROUPAS COMO AS OUTRAS. ELAS IMITAM O JEITO DE VESTIR DE HERÓIS OU PERSONAGENS, OU ATÉ DE BICHOS.

VESTIDO É UMA ROUPA USADA POR MENINAS E MULHERES. ELE COBRE O CORPO, DO PESCOÇO ATÉ O BUMBUM, E PARTE DAS PERNAS. A JARDINEIRA OU O MACACÃO SÃO ROUPAS QUE IMITAM AS ROUPAS COM QUE ALGUMAS PESSOAS TRABALHAM.

O AURÉLIO COM A TURMA DA MÔNICA: O MUNDO DAS PALAVRAS EM CORES, DE MARINA BAIRD FERREIRA E MARGARIDA DOS ANJOS. CURITIBA: POSITIVO, 2014.

- AGORA, ESCREVA O QUE REPRESENTA CADA DESENHO.

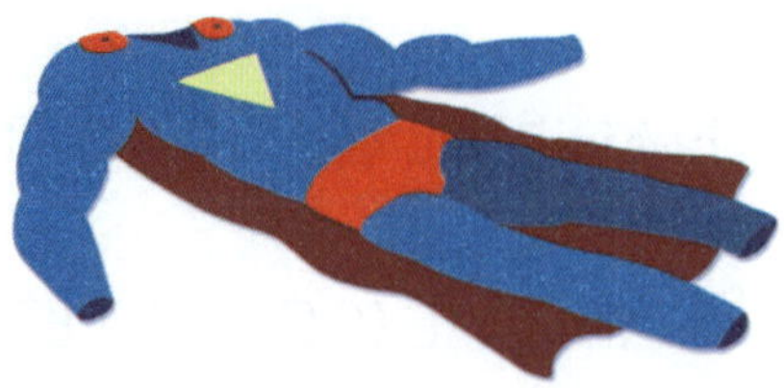

....

IDEIAS EM AÇÃO

1. CIRCULE, EM CADA CARTELA, A FIGURA QUE TEM O NOME COMEÇADO COM UMA SÍLABA DIFERENTE DAS OUTRAS.

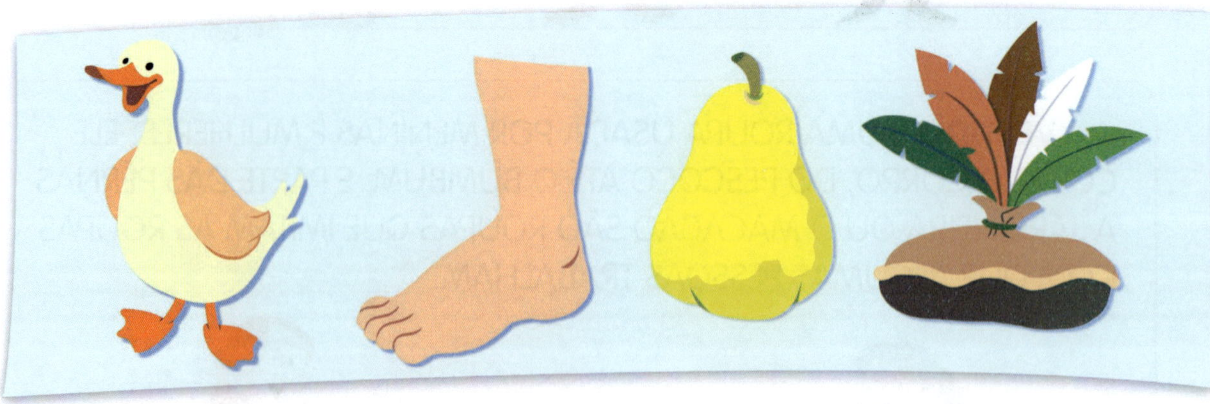

- AGORA, ESCREVA O NOME DE ACORDO COM AS FIGURAS ACIMA.

É DE COMER (COM A LETRA **B**): ....

É DE COMER (COM A LETRA **P**): ....

É BRINQUEDO (COM A LETRA **B**): ....

É BRINQUEDO (COM A LETRA **P**): ....

É ANIMAL (COM A LETRA **B**): ....

É ANIMAL (COM A LETRA **P**): ....

É PARTE DO CORPO (COM A LETRA **P**): ....

2 QUAL É A FIGURA INTRUSA DE CADA QUADRO? PINTE-A E DEPOIS ESCREVA O NOME DE CADA UMA DELAS.

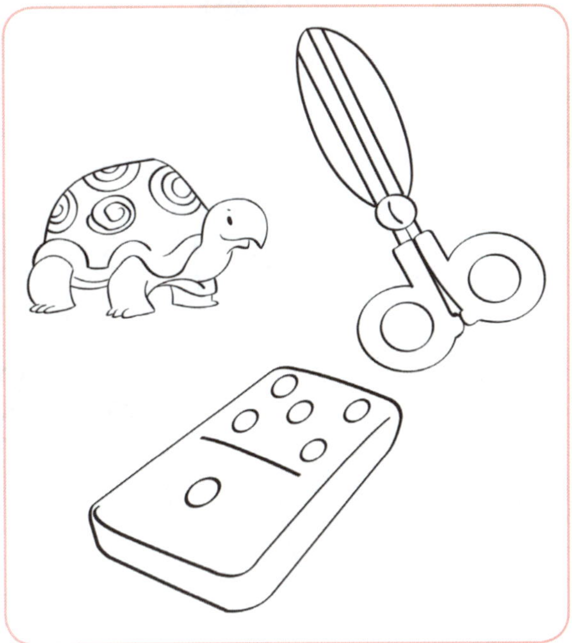

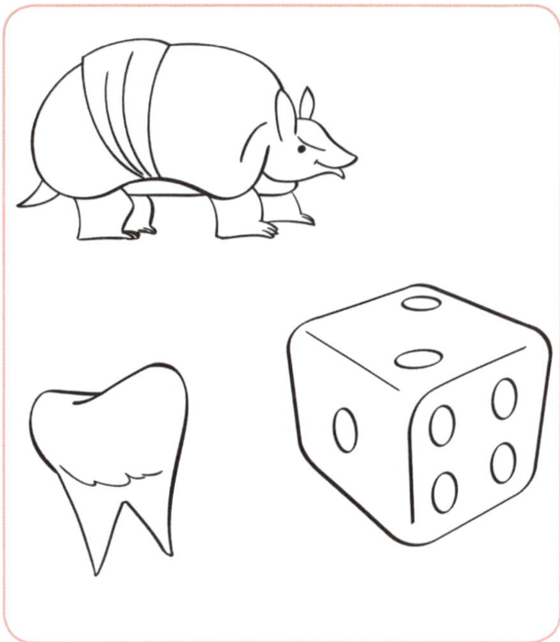

NOME DAS FIGURAS INTRUSAS	
D	T

UNIDADE 2

O QUE VOU ESTUDAR?

- ENCONTRO CONSONANTAL
- SÍLABA
- NOME COMUM E NOME PRÓPRIO
- SINÔNIMO
- ANTÔNIMO
- LEITURA E ESCRITA DE PALAVRAS: **R** E **RR**; **L** E **R** EM FINAL DE SÍLABA; **H**; **S** INICIAL E **SS**; **Z**

HO MEM
PER NA
HO JE
CAR TEI
RO
SU CO
CAR
DI
PÁS SA RO
PE
GI RAS SOL

CAPÍTULO 1

ENCONTRO CONSONANTAL

LEIA ESTA HISTÓRIA.

ERA UMA VEZ A VACA VITÓRIA,
QUE PEGOU O METRÔ
E ACABOU A HISTÓRIA.

ERA UMA VEZ A VACA VITÓRIA, QUE CAIU NO BURACO E ACABOU A HISTÓRIA, DE NANI.
SÃO PAULO: MELHORAMENTOS, 2012.

- COMPLETE A FRASE DE ACORDO COM O QUE VOCÊ LEU.

A VACA VITÓRIA PEGOU O 

....

NA PALAVRA ME**TR**Ô HÁ O ENCONTRO DAS CONSOANTES **T** E **R**.

QUANDO DUAS OU MAIS CONSOANTES APARECEM JUNTAS EM UMA PALAVRA, ELAS FORMAM UM **ENCONTRO CONSONANTAL**.

ATIVIDADES

1 CIRCULE OS ENCONTROS CONSONANTAIS DAS LISTAS A SEGUIR.

NOMES	OBJETOS
ADRIANA	LIVRO
CRISTINA	GRAMPO
FLÁVIA	GRAVATA
BRUNO	GLOBO
FREDERICO	FLAUTA
SANDRA	

2 COMPLETE CADA COLUNA COM AS DUAS CONSOANTES INDICADAS E FORME NOMES DE PESSOAS.

DR	CL	GL
AN..........É	..........AUDETE	..........ÓRIA
LEAN..........O	..........ÓVIS	..........ÁUCIA
AN..........ESSA	..........EIDE	DOU..........AS

3 CIRCULE NO QUADRO OS NOMES QUE TÊM CONSOANTES JUNTAS.

BRUNO FELIPE LÍVIA
PAULA PEDRO PATRÍCIA
RENATO FLÁVIO HELENA

4 FORME O NOME DOS ANIMAIS SEGUINDO A NUMERAÇÃO DAS LETRAS. DEPOIS, LEIA CADA PALAVRA EM VOZ ALTA.

R	C	O	L	I	C	D	O	O
2	4	9	8	7	1	6	3	5

....

C	I	B	O	T	R	A
1	5	3	7	6	4	2

....

B	Z	A	E	R
3	1	5	2	4

....

I	R	L	G	O
3	2	4	1	5

....

5 ACRESCENTE A LETRA **R** E DESCUBRA OUTRAS PALAVRAS. COLOQUE A LETRA **R** ENTRE A CONSOANTE E A VOGAL DESTACADAS, COMO NO EXEMPLO. DEPOIS, LEIA EM VOZ ALTA O PAR DE PALAVRAS.

PATO → P.........ATO

TIO → ....

FIO → ....

TOPA → ....

TEM → ....

- AGORA, CIRCULE O ENCONTRO CONSONANTAL DAS NOVAS PALAVRAS.

6 AGORA, ACRESCENTE A LETRA **L** E DESCUBRA OUTRAS PALAVRAS. CIRCULE O ENCONTRO CONSONANTAL E, DEPOIS, LEIA EM VOZ ALTA CADA PAR DE PALAVRAS.

PANO → PLANO

CARA → ....

FECHA → ....

FORA → ....

7 PREENCHA A CRUZADINHA COM PALAVRAS QUE TÊM ENCONTRO CONSONANTAL.

ORTOGRAFIA

R E RR

1 OBSERVE AS CAPAS DESTES LIVROS.

Reprodução/Editora Salamandra

Reprodução/Editora Salamandra

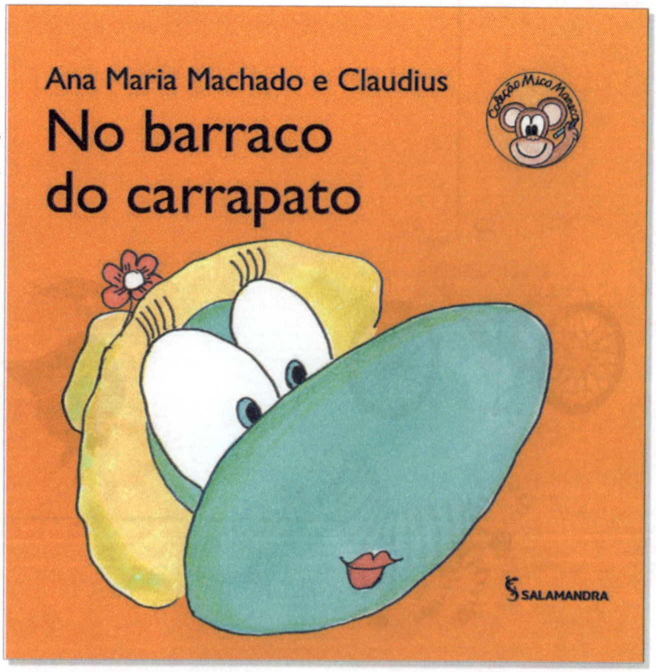

Reprodução/Editora Salamandra

- AGORA, ESCREVA O TÍTULO DE CADA LIVRO NA COLUNA CORRETA.

PALAVRAS COM		
R INICIAL	**RR**	**R ENTRE VOGAIS**
....	....	....
....	....	....

FIQUE POR DENTRO!

NO INÍCIO DAS PALAVRAS, A LETRA **R** SEMPRE TEM SOM FORTE. PARA INDICAR O SOM FORTE NO MEIO DA PALAVRA USAMOS **RR**, E A LETRA **R** ENTRE VOGAIS SEMPRE TEM SOM FRACO.

2 NOS NOMES ABAIXO FALTA A LETRA **R**. COMPLETE-OS COM ESSA LETRA E LEIA OS NOMES EM VOZ ALTA.

MA.........IANA ....ENATA ....ICARDO

LAU..........A LAU..........INDO A..........IANE

3 ALGUNS SOBRENOMES SÃO ESCRITOS COM **RR**. COMPLETE-OS.

FE..........AZ FE..........EIRA SE..........ADO

BA..........ETO CO..........EIA A..........UDA

4 ACRESCENTE MAIS UM **R** E FORME NOVAS PALAVRAS. VEJA O EXEMPLO.

CORO → CORRO

VARA → ....

CARO → ....

MORO → ....

5 SUBSTITUA AS FIGURAS POR SEUS NOMES PARA COMPLETAR AS FRASES.

O  DE RITA FICOU NO .

O .... DE RITA FICOU NO ....

RENATA SENTA NA  E COME .

RENATA SENTA NA .... E COME ....

6 ESCREVA O NOME DAS FIGURAS NA COLUNA CORRETA.

R INICIAL	RR
....	....
....	....
....	....
....	....

FIQUE POR DENTRO!

NENHUMA PALAVRA INICIA COM **RR**.

CAPÍTULO 2

SÍLABA

O QUE É, O QUE É?

PULA NO AR, ESTOURA E VIRA DO AVESSO?

VEJA COMO CIBELE RESPONDEU A ESSA ADIVINHA, BATENDO PALMAS.

CIBELE PRONUNCIOU A PALAVRA **PIPOCA** PAUSADAMENTE, EM TRÊS PARTES.

> CADA PEDACINHO DA PALAVRA PRONUNCIADO PAUSADAMENTE É CHAMADO DE **SÍLABA**.

PI	PO	CA

→ TRÊS SÍLABAS

ATIVIDADES

1 PINTE AS SÍLABAS QUE FORMAM O NOME DOS ANIMAIS NO QUADRO ABAIXO.

	QUADRO DE SÍLABAS				
	A	E	I	O	U
B	BA	BE	BI	BO	BU
C	CA	CE	CI	CO	CU
D	DA	DE	DI	DO	DU
F	FA	FE	FI	FO	FU
G	GA	GE	GI	GO	GU
H	HA	HE	HI	HO	HU
J	JA	JE	JI	JO	JU
L	LA	LE	LI	LO	LU
M	MA	ME	MI	MO	MU
N	NA	NE	NI	NO	NU
P	PA	PE	PI	PO	PU
R	RA	RE	RI	RO	RU
S	SA	SE	SI	SO	SU
T	TA	TE	TI	TO	TU
V	VA	VE	VI	VO	VU
X	XA	XE	XI	XO	XU
Z	ZA	ZE	ZI	ZO	ZU

2 CONSULTE O QUADRO DE SÍLABAS DA PÁGINA ANTERIOR E ESCREVA O NOME DA FIGURA ABAIXO.

 ....

- PARA ESCREVER ESSA PALAVRA, VOCÊ USOU:

QUANTAS LETRAS NO TOTAL? ☐

QUANTAS VOGAIS? ☐

QUANTAS CONSOANTES? ☐

QUANTAS SÍLABAS? ☐

3 COMPLETE O QUADRO.

FIGURA	PALAVRA	SÍLABAS DA PALAVRA	NÚMERO DE SÍLABAS
	BORBOLETA	BOR-BO-LE-TA	
	TELEFONE		

	GATO		

4 DO QUE AS CRIANÇAS ESTÃO BRINCANDO?

- ENTRE NA BRINCADEIRA! ESCREVA UMA PALAVRA QUE COMECE COM A ÚLTIMA SÍLABA DE CADA PALAVRA DADA. DEPOIS, ESCREVA MAIS TRÊS PALAVRAS E SEPARE SUAS SÍLABAS.

MA	CA	**CO**

....

....

....

A	BA	CA	TE

....

....

....

ME	NI	NO

....

....

....

5 ENCONTRE DEZ PALAVRAS NO DIAGRAMA E CIRCULE-AS.

C	J	A	B	U	T	I	C	A	B	A	R
M	A	C	A	R	R	O	N	A	D	A	W
L	M	E	L	A	N	C	I	A	Y	R	O
X	D	O	M	A	N	D	I	O	C	A	S
O	U	T	H	L	A	R	A	N	J	A	R
G	W	A	L	F	A	C	E	S	R	S	E
A	R	R	O	Z	F	G	D	P	E	R	A
L	J	G	N	O	Z	T	R	M	E	L	F

AGORA, ESCREVA-AS NA COLUNA CORRETA, SEPARANDO SUAS SÍLABAS.

1 SÍLABA	2 SÍLABAS	3 SÍLABAS

4 SÍLABAS	5 SÍLABAS

FIQUE POR DENTRO!

AS PALAVRAS QUE TÊM SÓ UMA SÍLABA NÃO PODEM SER SEPARADAS.

6 CIRCULE AS PALAVRAS QUE TÊM APENAS UMA SÍLABA.

MAR PRAIA SOL
AREIA ÁGUA

Divulgação/Editora Abril

ORTOGRAFIA

L E R EM FINAL DE SÍLABA

1 ACRESCENTE **L** OU **R** NO FINAL DAS PALAVRAS.

REGADO..........

PASTE..........

TAMBO..........

CARACO..........

SO..........

COLA..........

JORNA..........

POMA..........

2 QUEM ADIVINHA?
QUANDO É QUE **CAÇA** VIRA **CALÇA**?

....

E QUANDO É QUE **COPO** VIRA **CORPO**?

....

3 ACRESCENTE **L** ENTRE AS SÍLABAS E FORME NOVAS PALAVRAS.

POVO ⟶ ....

ATO ⟶ ....

TACO ⟶ ....

MODA ⟶ ....

4 ACRESCENTE **R** ENTRE AS SÍLABAS E FORME NOVAS PALAVRAS.

PENA → .... CATA → ....

COTA → .... BABA → ....

5 FORME PALAVRAS JUNTANDO AS SÍLABAS.

1	2	3	4	5	6	7
TEL	JOR	QUAR	HO	NAL	CAR	RE

A) 3 + 1 → .... C) 4 + 1 → ....

B) 2 + 5 → .... D) 6 + 7 + 1 → ....

6 SEPARE AS SÍLABAS DAS PALAVRAS ABAIXO.

FORMIGA

....	....	....

FUTEBOL

....	....	....

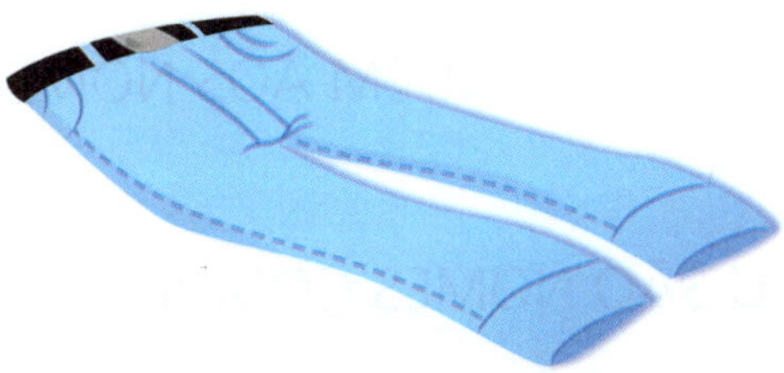

CALÇA

....	....

COLAR

....	....

CAPÍTULO 3

NOME COMUM E NOME PRÓPRIO

LEIA O POEMA COM OS COLEGAS.

SE ISADORA PASSA A NOITE
LÁ NA CASA DA AVÓ DELA,
DE MANHÃ, LOGO QUE ACORDA,
TOMA **MINGAU** COM **CANELA**.

E SE O HENRIQUE VEM CANTANDO:
"SEU NICOLAU QUER MINGAU",
JÁ SABE QUE VAI OUVIR:
"TRAZ LOGO A **COLHER DE PAU**".
[...]

DELÍCIAS E GOSTOSURAS, DE ANA MARIA MACHADO. SÃO PAULO: SALAMANDRA, 2005.

TODAS AS COISAS TÊM NOME E AS PESSOAS TAMBÉM.

CIRCULE NA CENA AS FIGURAS QUE CORRESPONDEM AOS NOMES DE COMIDA E DE OBJETO CITADOS NO POEMA.

MINGAU, **CANELA** E **COLHER DE PAU** SÃO NOMES COMUNS.

O **NOME COMUM** INDICA QUALQUER PESSOA, QUALQUER ALIMENTO, QUALQUER OBJETO, QUALQUER SER. POR ISSO SÃO ESCRITOS COM LETRA INICIAL MINÚSCULA.

LEIA OS NOMES DE PESSOAS QUE APARECEM NO POEMA.

ISADORA	HENRIQUE	NICOLAU

ISADORA, HENRIQUE E NICOLAU SÃO **NOMES PRÓPRIOS**.

OS **NOMES PRÓPRIOS** INDICAM UMA PESSOA, UM LUGAR OU UM SER EM PARTICULAR.

NOMES DE PESSOAS, DE LUGARES E DE FILMES SÃO **NOMES PRÓPRIOS**. POR ISSO INICIAM COM LETRA MAIÚSCULA.

ATIVIDADES

1 CONSULTE O QUADRO ABAIXO PARA ESCREVER O NOME DAS FIGURAS.

FIQUE POR DENTRO!

USAMOS OS **NOMES COMUNS** PARA DAR NOME A COISAS E OBJETOS.

REVISTA	TELEFONE	MOCHILA	CARRO

....

2 AGORA, ESCREVA A LETRA INICIAL DE CADA FIGURA E DESCUBRA OUTROS NOMES.

....	....	....	....	....

....

....	....	....	....	....	....

....

A) FAÇA UM **X** NA OPÇÃO CORRETA.
VOCÊ ESCREVEU OS NOMES COM LETRA:

( ) MINÚSCULA. ( ) MAIÚSCULA.

B) COMPLETE A FRASE.

OS NOMES QUE VOCÊ DESCOBRIU SÃO .... PORQUE INDICAM ANIMAIS DE MODO GERAL.

3 JUNTE AS SÍLABAS DESTACADAS EM CADA NOME DE FIGURA E DESCUBRA OUTROS NOMES COMUNS.

A)

BODE

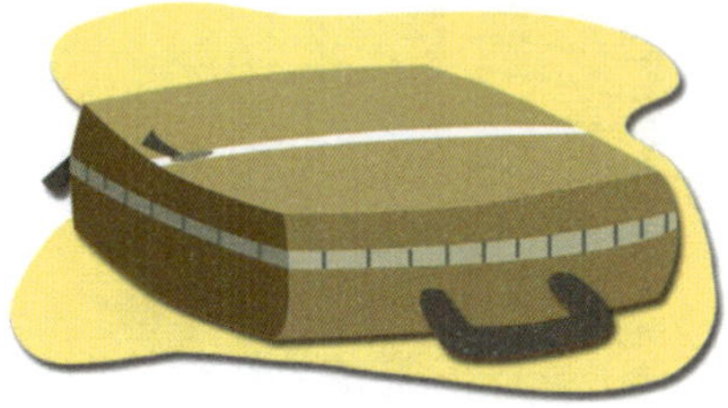

MALA

NOME DE UM BRINQUEDO: ....

B)

MACACO

CASA

DADO

NOME DE UM DOCE: ....

C)

ABELHA

ABACAXI

CACHORRO

ALFINETE

NOME DE UMA FRUTA: ....

D)

BICO

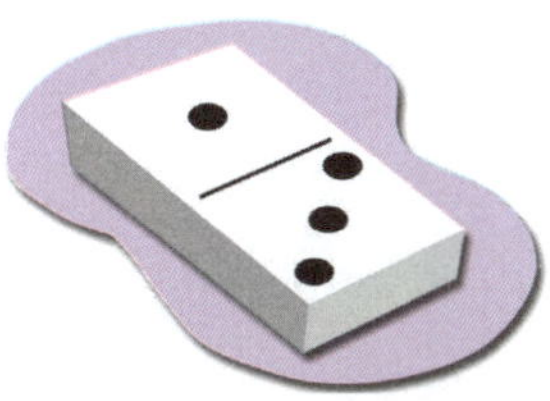

DOMINÓ

CUBO

BOLO

NOME DE UM INSTRUMENTO QUE PERMITE ENXERGAR OBJETOS DE LONGE: ....

4 OBSERVE A CENA E ESCREVA NOMES COMUNS NO QUADRO.

NOME DE FRUTA	NOME DE OBJETO	NOME DE ANIMAL	NOME DE SERES HUMANOS EM GERAL
....	....	....	....
....	....	....	....
....	....	....	....
....	....	....	....

5 LEIA O TEXTO.

INVENTEI, NO MEU QUINTAL,
UM ZOOLÓGICO GENIAL:
O GATO DE NOME ESPIRRO,
O CÃO CHAMADO DUCÃO,
A TARTARUGA DE NOME LENTIDÃO
E O PÔNEI CHAMADO GALOPÃO.

OS AUTORES.

- ESCREVA O NOME PRÓPRIO DE CADA ANIMAL.

....

6 ESCREVA UMA FRASE USANDO:

A) O SEU NOME;

....

B) O NOME DE UM COLEGA;

....

C) O NOME DO PROFESSOR.

....

- AGORA, CIRCULE NAS FRASES OS NOMES PRÓPRIOS QUE VOCÊ ESCREVEU.
- OS NOMES QUE VOCÊ CIRCULOU COMEÇAM COM LETRA:

( ) MINÚSCULA. ( ) MAIÚSCULA.

7 OBSERVE A CENA E INVENTE UM NOME PRÓPRIO PARA CADA FIGURA.

NOME COMUM: ESCOLA

NOME PRÓPRIO: ....

....

NOME COMUM: MENINO

NOME PRÓPRIO: ....

....

NOME COMUM: PARQUE

NOME PRÓPRIO: ....

....

NOME COMUM: RUA

NOME PRÓPRIO: ....

....

NOME COMUM: SUPERMERCADO

NOME PRÓPRIO: ....

....

NOME COMUM: CACHORRO

NOME PRÓPRIO: ....

....

NO DIA A DIA

VOCÊ JÁ PERCEBEU QUE NAS PROPAGANDAS DE REVISTAS E JORNAIS, NAS EMBALAGENS DE PRODUTOS PARA CRIANÇAS E EM MUITOS OUTROS LUGARES SÃO USADOS NOMES PRÓPRIOS E NOMES COMUNS? ENTÃO FAÇA UMA PESQUISA NESSES MATERIAIS PARA ENCONTRAR NOMES PRÓPRIOS E COMUNS. DEPOIS, RECORTE-OS E COLE-OS ABAIXO.

NOME COMUM	NOME PRÓPRIO

- UTILIZE NOMES PRÓPRIOS E COMUNS PARA COMPLETAR O CARTAZ.

A BONECA DE NOME .... CANTA E CONTA HISTÓRIAS!

A .... PARECE GENTE!

ORTOGRAFIA

A LETRA H

1 LEIA ESTA TIRINHA.

GARFIELD E SEUS AMIGOS, DE JIM DAVIS. RIO DE JANEIRO: EDIOURO, 2015.

- LEIA EM VOZ ALTA AS PALAVRAS DESTACADAS NA TIRINHA.
- NOTE QUE ESSAS PALAVRAS COMEÇAM COM **H** E A LETRA QUE VEM EM SEGUIDA É UMA VOGAL.

HÁ HOJE

FIQUE POR DENTRO!

A LETRA **H** NO INÍCIO DE PALAVRAS NÃO É PRONUNCIADA; LEMOS A VOGAL QUE VEM DEPOIS DELA.

2 LEIA AS PALAVRAS EM VOZ ALTA. DEPOIS, ESCREVA A LETRA **H** PARA COMPLETÁ-LAS E LEIA AS PALAVRAS NOVAMENTE.

FIQUE POR DENTRO!

NOMES DE PESSOAS COMEÇAM COM LETRA MAIÚSCULA.

.........ORÁRIO	.........INO	.........ORTA	.........ILDA
.........ORRÍVEL	.........ELENA	.........UGO	.........ÁBITO
.........IGIÊNICO	.........ERANÇA	.........UMANIDADE	.........ORTALIÇA

- COPIE AS PALAVRAS QUE VOCÊ FORMOU ACIMA.

....

....

3 CIRCULE NO DIAGRAMA DEZ PALAVRAS INICIADAS COM **H**.

W	H	A	B	I	T	A	N	T	E	A
H	A	M	B	Ú	R	G	U	E	R	B
U	H	E	R	Ó	I	N	O	H	J	I
M	H	I	G	I	E	N	E	P	A	L
O	L	D	H	I	S	T	Ó	R	I	A
R	E	H	O	N	E	S	T	O	H	G
H	E	R	D	E	I	R	O	N	U	F
O	N	A	M	H	U	M	A	N	O	U
H	O	R	I	Z	O	N	T	A	L	L

- AGORA, ESCREVA AS PALAVRAS QUE VOCÊ ENCONTROU NO DIAGRAMA.

HA	HE	HI	HO	HU
....	....	....	....	....
....	....	....	....	....

CAPÍTULO 4 SINÔNIMO

VEJA QUE DEFINIÇÃO INTERESSANTE FOI CRIADA PARA A PALAVRA **HARMONIA**.

HARMONIA

HARMONIA É SINÔNIMO DE PAZ,
DE FELICIDADE.
É ACERTO COM A VIDA, COM OS HOMENS,
COM A NATUREZA E COM OS SONS.
SONHO DE PAÍSES, DE PAIS,
DE CASAS E DE CASAIS.
QUERO HARMONIA
EM QUALQUER TOQUE DE VIDA.

PEQUENO DICIONÁRIO POÉTICO-HUMORÍSTICO ILUSTRADO, DE ELIAS JOSÉ. SÃO PAULO: PAULINAS, 2006.

HARMONIA É SINÔNIMO DE PAZ.
SINÔNIMOS SÃO PALAVRAS QUE TÊM SENTIDOS BEM PARECIDOS.

ATIVIDADES

1 PINTE AS FIGURAS IGUAIS DA MESMA COR E FORME PARES DE SINÔNIMOS. VEJA O EXEMPLO.

ALEGRE FOFO VELHO BONITA

MACIO ANTIGO LINDA CONTENTE

→ ALEGRE – CONTENTE

→ ....

→ ....

→ ....

2 ENCONTRE NO DIAGRAMA OS SINÔNIMOS PARA AS PALAVRAS ABAIXO E CIRCULE-OS. DEPOIS, ESCREVA ESSES SINÔNIMOS AO LADO DAS PALAVRAS CORRESPONDENTES.

GAROTO ....

BASTANTE ....

VAGAROSO ....

DOIDO ....

CHEIROSA ....

CONTENTE ....

L	M	E	N	I	N	O	N	T
E	A	M	B	T	R	G	P	R
N	H	I	W	P	E	N	R	T
T	M	U	I	T	O	N	E	E
O	W	D	H	S	S	T	R	S
R	Q	M	A	L	U	C	O	E
P	W	F	E	L	I	Z	D	Q
N	H	E	R	P	S	N	C	I
P	E	R	F	U	M	A	D	A

3 LEIA.

> **ABECEDÁRIO** – O MESMO QUE **ALFABETO**.
> **COLÉGIO** – O MESMO QUE **ESCOLA**.
> **CORRETO** – O MESMO QUE **CERTO**.

- AGORA, TROQUE AS PALAVRAS DESTACADAS POR OUTRAS DE SENTIDO SEMELHANTE PARA COMPLETAR AS FRASES.

A) O **ABECEDÁRIO** É O CONJUNTO DAS LETRAS DE UMA LÍNGUA.

O .... É O CONJUNTO DAS LETRAS DE UMA LÍNGUA.

B) VOU PARA O **COLÉGIO** DE ÔNIBUS.

VOU PARA A .... DE ÔNIBUS.

C) TODOS OS EXERCÍCIOS ESTAVAM **CORRETOS**.

TODOS OS EXERCÍCIOS ESTAVAM ....

4 COMPLETE AS FRASES COM O SINÔNIMO DA PALAVRA DESTACADA. ESCOLHA UMA DAS PALAVRAS ENTRE PARÊNTESES.

A) JÁ **ACABOU** A LIÇÃO? (TERMINOU/CONSEGUIU)

JÁ .... A LIÇÃO?

B) SUAS UNHAS ESTÃO **LONGAS**. (QUEBRADAS/COMPRIDAS)

SUAS UNHAS ESTÃO ....

C) MINHA CASA FICA **DISTANTE** DA ESCOLA. (LONGE/EMBAIXO)

MINHA CASA FICA .... DA ESCOLA.

ORTOGRAFIA

S INICIAL E SS

1 LEIA O NOME DAS FIGURAS.

SAPO

PÁ**SS**ARO

- AGORA, ESCREVA AS PALAVRAS ACIMA DE ACORDO COM O QUE SE PEDE.

  NO COMEÇO DE PALAVRA USAMOS **S**: ....

  ENTRE VOGAIS, USAMOS **SS**: ....

2 PINTE AS PARTES DA FIGURA QUE TÊM PONTOS E DESCUBRA OS OBJETOS ESCONDIDOS.

- ESCREVA O NOME DOS OBJETOS QUE VOCÊ DESCOBRIU DE ACORDO COM O CÓDIGO.

PALAVRAS COM **S** INICIAL

PALAVRAS COM **SS**

3 COPIE O NOME DAS FIGURAS ABAIXO E SEPARE SUAS SÍLABAS.

FIQUE POR DENTRO!

NA DIVISÃO DE SÍLABAS, AS LETRAS **SS** FICAM SEPARADAS. EXEMPLO: DE-PRE**S**-**S**A.

PÁSSARO

GIRASSOL

PÊSSEGO

TRAVESSEIRO

CAPÍTULO 5

ANTÔNIMO

VOCÊ ACHA POSSÍVEL A VIDA SEM ÁGUA?

LEIA O TEXTO A SEGUIR COM OS COLEGAS PARA DESCOBRIR.

ELEMENTO ÁGUA

ÁGUA
MOLHADA,
QUENTE OU
GELADA, SEM
ELA, A VIDA
SERIA NADA!

ECOPOESIAS DOS GNOMOS... E OUTROS SERES ELEMENTAIS!: PARA AS CRIANÇAS DO MUNDO, DE PAULO ROBERTO FERRARI. PORTO ALEGRE: FÁBRICA DE LEITURA, 2008.

O CONTRÁRIO DE **QUENTE** É **GELADA**.

AS PALAVRAS QUE TÊM SENTIDO CONTRÁRIO RECEBEM O NOME DE **ANTÔNIMOS**.

ATIVIDADES

1 OBSERVE A CAPA DO LIVRO. NO TÍTULO HÁ DUAS PALAVRAS DE SENTIDO CONTRÁRIO. ESCREVA-AS AO LADO DE CADA FIGURA.

2 ACOMPANHE A LEITURA DE UMA PARTE DESTA HISTÓRIA.

SOU GRANDE OU SOU PEQUENINA?
AINDA NÃO SEI DIZER.
PASSO OS DIAS INTEIROS
PROCURANDO ENTENDER.

— QUERO BRINCAR NA RUA!
— NÃO DEIXO — DIZ O PAPAI.
— VOCÊ É PEQUENININHA,
SOZINHA AINDA NÃO SAI.

— MEU IRMÃO CHUPA CHUPETA,
EU TAMBÉM QUERO CHUPAR.
MAMÃE DIZ: — MENINA GRANDE
NÃO FAZ ISSO. VÁ BRINCAR!
[...]

GRANDE OU PEQUENA?, DE BEATRIZ MEIRELLES. SÃO PAULO: SCIPIONE, 2008.

- CIRCULE, NA PERGUNTA QUE A MENINA FAZ, AS PALAVRAS COM SENTIDO OPOSTO.

3 SUBSTITUA A PALAVRA DESTACADA POR OUTRA DE SENTIDO CONTRÁRIO. DEPOIS, DESENHE. VEJA O EXEMPLO.

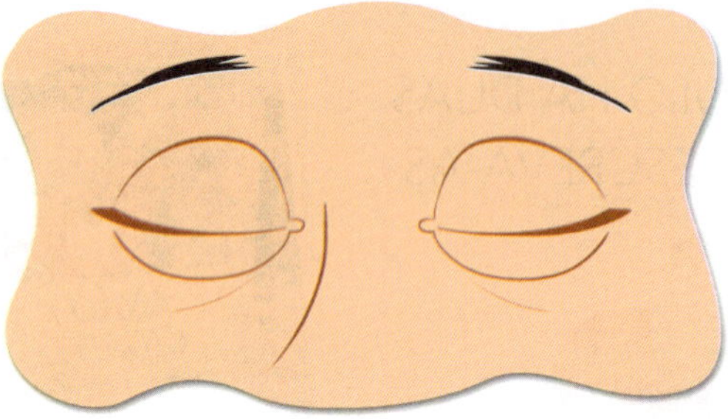

OLHOS **FECHADOS**

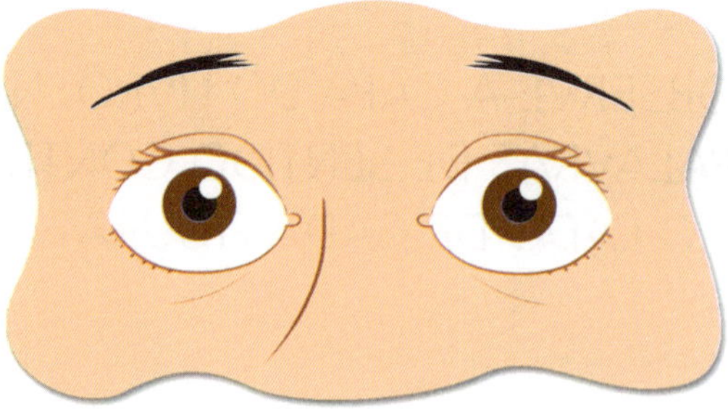

OLHOS ....ABERTOS........

CACHORRO **MAGRO**

CACHORRO ....

ROUPA **LIMPA**

ROUPA ....

PRÉDIO **BAIXO**

PRÉDIO ....

4 OBSERVE AS FIGURAS E COMPLETE AS FRASES COM PALAVRAS OU EXPRESSÕES ANTÔNIMAS.

ALINE E DIOGO SÃO IRMÃOS. ELA É .... E ELE É ....

O BOLO ESTÁ .... DA MESA. O GATINHO DORME .... DA MESA.

5 COMPLETE A CRUZADINHA COM OS ANTÔNIMOS DAS PALAVRAS DO QUADRO.

1. DURO
2. ALEGRE
3. CHEIO
4. CALMO
5. MOLHADO
6. ERRADO

ORTOGRAFIA

A LETRA Z

1 OBSERVE OS TÍTULOS DESTES LIVROS.

Reprodução/Editora Scipione

Reprodução/Editora Scipione

Reprodução/Editora Scipione

Reprodução/Editora Ática

- AGORA, COMPARE AS PALAVRAS DO QUADRO E COMPLETE A FRASE.

PAZ	NARIZ	FAZENDO	ZERO

TODAS AS PALAVRAS TÊM A LETRA ....

2 ESCREVA O NOME DE CADA FIGURA. **DICA**: TODOS OS NOMES TÊM A LETRA **Z**.

....

3 QUAL É A PALAVRA QUE NÃO PERTENCE AO GRUPO? CIRCULE-A.

DOZE	BATIZADO
DEZOITO	TREZE

4 LEIA A PLACA E CIRCULE AS PALAVRAS TERMINADAS EM **Z**.

A) SEPARE AS SÍLABAS DAS PALAVRAS QUE VOCÊ CIRCULOU.

....

B) QUANTAS SÍLABAS TEM CADA PALAVRA?

....

5 JUNTE AS SÍLABAS DA MESMA COR E ESCREVA O NOME DAS FIGURAS.

CHA	XA	A	A	DREZ
FA	TRIZ	CUS	VES	CAR
CUZ	TAZ	TRUZ	RIZ	

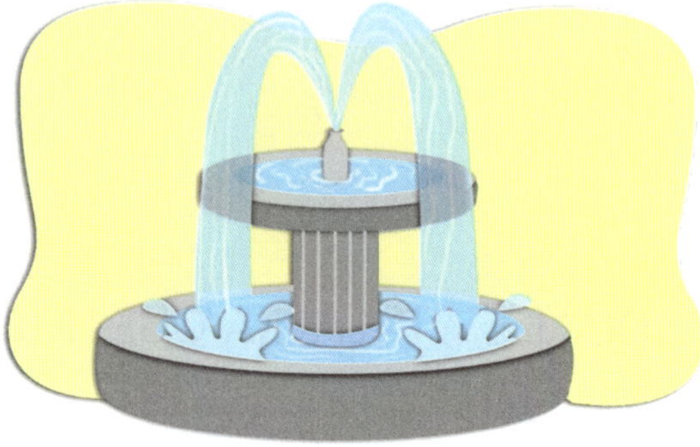

6 AS PALAVRAS NO DICIONÁRIO ESTÃO ORGANIZADAS EM ORDEM ALFABÉTICA.

- QUAL É A ÚLTIMA LETRA DO ALFABETO? ....

7 LEIA AS PALAVRAS DA ÚLTIMA PÁGINA DE UM DICIONÁRIO E SUAS DEFINIÇÕES.

ZEBRA É UM ANIMAL PARECIDO COM O CAVALO, MAS COM LISTAS PRETAS E BRANCAS NO CORPO INTEIRO: SERÁ QUE A ZEBRA E O CAVALO SÃO PRIMOS? [A GENTE SEPARA AS SÍLABAS DESTA PALAVRA ASSIM: ZE-BRA.]

ZERO É UM NÚMERO DIFERENTE DOS OUTROS: É IGUAL A NADA. ZERO TAMBÉM É UM ALGARISMO (0) QUE A GENTE USA PARA ESCREVER NÚMEROS COMO DEZ (10), VINTE (20), E OUTROS. [A GENTE SEPARA AS SÍLABAS DESTA PALAVRA ASSIM: ZE-RO.]

ZÍPER É UMA TIRA DE PANO COM PEÇAS DE METAL COM QUE A GENTE ABRE E FECHA UMA CALÇA, UMA BOLSA E OUTRAS COISAS: MAMÃE TROCOU O ZÍPER DO MEU PALETÓ. [A GENTE SEPARA AS SÍLABAS DESTA PALAVRA ASSIM: ZÍ-PER.]

ZOOLÓGICO É O MESMO QUE JARDIM ZOOLÓGICO: UM LUGAR, NA CIDADE, EM QUE HÁ MUITOS BICHOS PARA A GENTE VER: MARIA ADORA IR AO ZOOLÓGICO PARA VER A GIRAFA E O HIPOPÓTAMO. [A GENTE SEPARA AS SÍLABAS DESTA PALAVRA ASSIM: ZO-O-LÓ-GI-CO.]

O AURÉLIO COM A TURMA DA MÔNICA: O MUNDO DAS PALAVRAS EM CORES, DE MARINA BAIRD FERREIRA E MARGARIDA DOS ANJOS. CURITIBA: POSITIVO, 2014.

- AGORA, ESCREVA O QUE REPRESENTAM AS SEGUINTES ILUSTRAÇÕES, DE ACORDO COM O TEXTO.

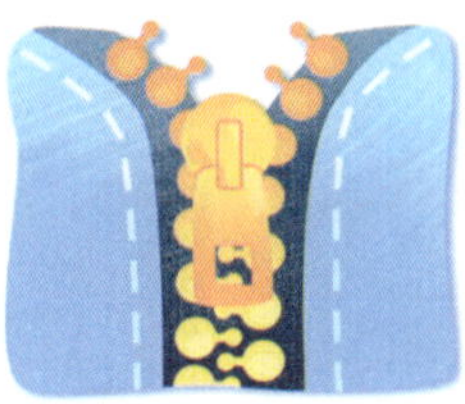

....

IDEIAS EM AÇÃO

OBSERVE A CENA AO LADO E FAÇA O QUE SE PEDE.

1 ESCREVA O NOME DO ANIMAL QUE TEM 4 SÍLABAS E A PRIMEIRA DELAS É **DI**. **DICA:** ELE NAO EXISTE MAIS.

....

2 ESCREVA O NOME DO ANIMAL QUE TEM 5 SÍLABAS E A ÚLTIMA É **MO**.

....

3 ESCREVA O NOME DO ANIMAL QUE TEM A LETRA **L** NO FINAL DA ÚLTIMA SÍLABA. DEPOIS, DESENHE-O.

....

4 LOCALIZE TRÊS MENINAS NA CENA. DEPOIS, TENTE DESCOBRIR O NOME DELAS. **DICA**: O NOME COMUM DAS TRÊS FLORES DA CENA CORRESPONDE AO NOME PRÓPRIO DAS MENINAS.

NOME COMUM	NOME PRÓPRIO
....	....
....	....
....	....

UNIDADE 3

O QUE VOU ESTUDAR?

- SINAIS GRÁFICOS: ACENTOS
- SINAIS DE PONTUAÇÃO
- SOM NASAL: TIL
- PONTO-FINAL E VÍRGULA
- MASCULINO E FEMININO
- LEITURA E ESCRITA DE PALAVRAS COM: **S** ENTRE VOGAIS E **S** EM FINAL DE SÍLABA; **M** ANTES DE **P** E **B**; **CE**, **CI**, **Ç**; **QU**; **LH**

CAPÍTULO 1

SINAIS GRÁFICOS: ACENTOS

LEIA ESTE TEXTO SOBRE AS CORES. OBSERVE AS PALAVRAS DESTACADAS.

VERMELHO, AZUL E AMARELO
SÃO AS **TRÊS** CORES **PRIMÁRIAS**.
E, SE A GENTE MISTURAR,
TEM AS CORES **SECUNDÁRIAS**.

NO ROXO, AZUL E VERMELHO.
NO VERDE, AZUL E AMARELO.
NO LARANJA, O VERMELHO
E O AMARELO SEMPRE BELO.

TURMA DA MÔNICA E AS CORES,
DE MAURICIO DE SOUSA.
SÃO PAULO: MELHORAMENTOS, 2008.

PARA ESCREVER, ALÉM DAS 26 LETRAS DO ALFABETO, USAMOS OUTROS SINAIS, COMO OS ACENTOS COLOCADOS NAS VOGAIS DAS PALAVRAS DESTACADAS.

TRÊS — ACENTO CIRCUNFLEXO

PRI**MÁ**RIAS — ACENTO AGUDO

ATIVIDADES

1 VOCÊ JÁ REPAROU QUANTAS PALAVRAS RECEBEM ACENTO? PODEMOS ENCONTRÁ-LAS NOS GIBIS, NAS REVISTAS, NOS JORNAIS, NAS EMBALAGENS DE PRODUTOS E EM MUITOS OUTROS LUGARES.

- PESQUISE PALAVRAS COM ACENTO AGUDO E PALAVRAS COM ACENTO CIRCUNFLEXO, RECORTE-AS E COLE-AS ABAIXO.

2 ESCREVA O NOME DAS FIGURAS, SEPARANDO SUAS SÍLABAS.
DICA: TODAS AS PALAVRAS TÊM ACENTO AGUDO.

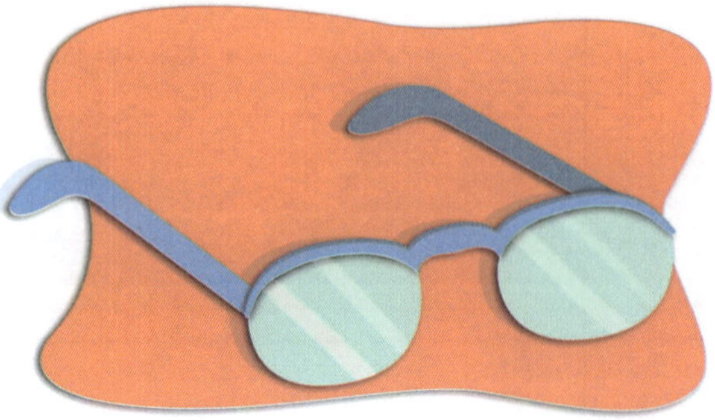

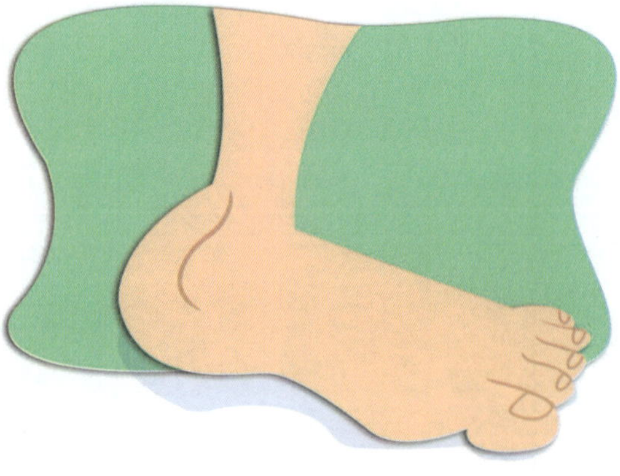

3 ESCREVA O NOME DAS FIGURAS. **DICA**: TODAS AS PALAVRAS TÊM ACENTO CIRCUNFLEXO.

FIQUE POR DENTRO!

O ACENTO CIRCUNFLEXO É COLOCADO SOBRE AS VOGAIS **A**, **E**, **O**.

....

....

....

....

....

....

4 COLOQUE O ACENTO AGUDO OU O CIRCUNFLEXO NOS NOMES DA LISTA ABAIXO.

FIQUE POR DENTRO!

O ACENTO **CIRCUNFLEXO** E O ACENTO **AGUDO** APARECEM NA **SÍLABA MAIS FORTE** DAS PALAVRAS.

ANGELA	ANDRE	PATRICIA
FABRICIO	SONIA	ZELIA
MONICA	CECILIA	ENIO
FLAVIO	DENIS	MARCIA

5 OBSERVE A FIGURA E COMPLETE A FRASE COM O PAR DE PALAVRAS.

VOVÓ VOVÔ

ENQUANTO A .... LÊ JORNAL, O .... LÊ REVISTA.

6 CIRCULE A PALAVRA CORRESPONDENTE A CADA FIGURA.

VOVÔ	COCÔ	BABÁ
VOVÓ	COCO	BABA

NO DIA A DIA

1 VOCÊ CONHECE ALGUMAS BANDEIRAS DE PAÍSES DO MUNDO?
LEIA ABAIXO O NOME DE ALGUNS PAÍSES E VEJA SUAS BANDEIRAS.
SUA TAREFA É COMPLETAR O NOME DOS PAÍSES COM ACENTO AGUDO OU COM ACENTO CIRCUNFLEXO.

FIQUE POR DENTRO!

NOMES DE LUGARES COMEÇAM COM LETRA MAIÚSCULA E TAMBÉM PODEM TER ACENTO AGUDO OU CIRCUNFLEXO.

..........FRICA DO SUL

POL..........NIA

NOVA ZEL..........NDIA

QU..........NIA

IT..........LIA

Fotos: Joop Hoek/Shutterstock

COL..........MBIA

2 LEIA COM OS COLEGAS O NOME DOS 26 ESTADOS DO BRASIL NO MAPA ABAIXO.

A) COLOQUE ACENTO AGUDO NO NOME DE OITO ESTADOS.

B) COLOQUE ACENTO CIRCUNFLEXO NO NOME DE UM DOS ESTADOS.

BRASIL: DIVISÃO POLÍTICA

Rainer Lesniewski/Shutterstock

ORTOGRAFIA

S ENTRE VOGAIS E S EM FINAL DE SÍLABA

1 LEIA O NOME DAS FIGURAS.

ANIMAIS	ALIMENTOS

BESOURO	BISCOITOS
	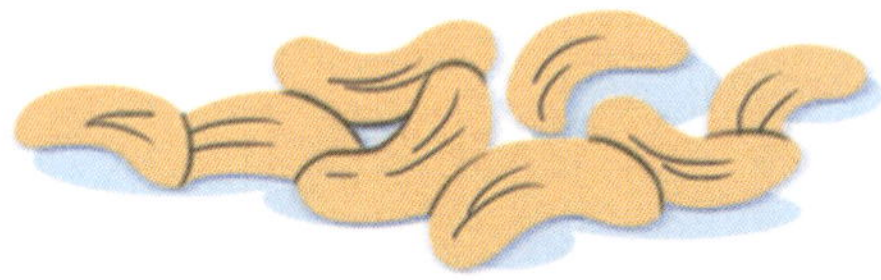
RAPOSA	CASTANHAS

- AGORA, ESCREVA AS PALAVRAS DE ACORDO COM O QUE SE PEDE.

A) LETRA **S** ENTRE VOGAIS, COM SOM DE **Z**.

....

B) LETRA **S** NO FINAL DA SÍLABA.

....

2 CANTE ESTA CANTIGA DE RODA COM OS COLEGAS.

O CRAVO BRIGOU COM A ROSA
DEBAIXO DE UMA SACADA,
O CRAVO SAIU FERIDO
E A ROSA DESPEDAÇADA.

O CRAVO FICOU DOENTE,
A ROSA FOI VISITAR
O CRAVO TEVE UM DESMAIO
E A ROSA PÔS-SE A CHORAR.

CANTIGA POPULAR.

- CIRCULE NO TEXTO A PALAVRA **ROSA** E OBSERVE O SOM DO **S**.

FIQUE POR DENTRO!

A LETRA **S** TEM SOM DE **Z** QUANDO APARECE ENTRE VOGAIS.

3 ESCREVA A LETRA **S** ENTRE AS VOGAIS DESTACADAS E LEIA AS PALAVRAS FORMADAS.

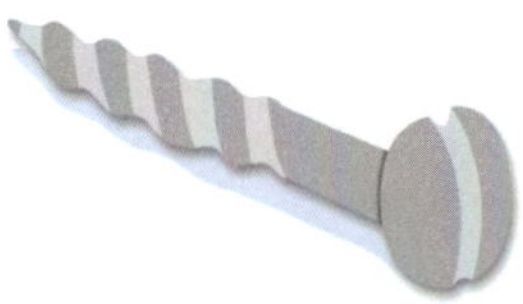

PARAFU.........O

VA.........O

BLU.........A

RAPO.........A

4 OBSERVE AS FIGURAS E ENCONTRE O NOME DELAS NO DIAGRAMA.

A	U	C	S	I	M	P	S	A	B	M	I	M	B	A
T	E	S	O	U	R	A	B	U	T	A	U	R	S	R
E	V	T	K	U	T	S	T	A	M	S	V	T	T	T
V	S	A	P	O	H	D	A	M	N	O	S	E	L	O
I	L	D	V	M	A	M	N	U	R	B	M	A	C	U
T	O	U	T	B	O	G	S	O	R	V	E	T	E	G
Q	P	L	J	P	X	U	O	R	A	F	B	X	L	P
C	A	M	I	S	E	T	A	U	R	M	S	E	V	D
P	A	R	A	C	U	F	A	R	T	C	A	U	R	Z
L	G	E	R	T	R	T	J	E	L	O	M	E	S	A

- AGORA, ESCREVA OS NOMES QUE VOCÊ ENCONTROU CONFORME O SOM DA LETRA **S** NA PALAVRA EM CADA COLUNA.

 CA**S**A	 **S**APATO
....	....
....	....
....	....

5 LEIA AS PALAVRAS DO QUADRO E DESCUBRA.

BESOURO	CASA	ASA	VISITA

O QUE É, O QUE É?

A) LUGAR QUE SERVE PARA MORAR: ....

B) NOME DE UM INSETO: ....

C) PESSOA QUE VAI À CASA DE OUTRA: ....

D) A MAIORIA DAS AVES E DOS INSETOS USA PARA VOAR: ....

6 LEIA O TEXTO E OBSERVE A PALAVRA DESTACADA.

O NOVELO DE LÃ

O GATINHO BRINCA COM UM NOVELO DE LÃ:
ENROLA, DESENROLA, **ENROSCA**, DESENROSCA...
COM O NOVELO O GATINHO FAZ UM CAMINHO
QUE VAI DAR... EM NENHUM LUGAR!

NO MUNDO DA LUA, DE ROSEANA MURRAY.
BELO HORIZONTE: MIGUILIM, 2000.

- ESCREVA A PALAVRA DESTACADA NO TEXTO, SEPARANDO-A EM SÍLABAS.

....

- NA PALAVRA **ENROSCA**:

◯ A LETRA **S** ESTÁ NO INÍCIO DA SÍLABA.

◯ A LETRA **S** ESTÁ NO MEIO DA SÍLABA.

◯ A LETRA **S** ESTÁ NO FIM DA SÍLABA.

7 FORME NOVAS PALAVRAS ACRESCENTANDO A LETRA **S** NO QUADRINHO. DEPOIS, ESCREVA ESSAS PALAVRAS AO LADO.

GATO	GA		TO	....
GOTA	GO		TA	....
RETO	RE		TO	....

CAPÍTULO 2

SINAIS DE PONTUAÇÃO

BRINQUE COM OS COLEGAS LENDO A SEGUINTE PARLENDA.

CADÊ O TOUCINHO QUE ESTAVA AQUI?

DEDO MINDINHO
SEU-VIZINHO
PAI DE TODOS
FURA-BOLO
MATA-PIOLHO .
— CADÊ O TOUCINHO
QUE ESTAVA AQUI ?
— GATO COMEU !
— CADÊ O GATO ?
— FOI PRO MATO .
— CADÊ O MATO ?
— O FOGO QUEIMOU .
— CADÊ O FOGO ?
— ÁGUA APAGOU .
— CADÊ A ÁGUA ?
— O BOI BEBEU .
— CADÊ O BOI ?
— FOI AMASSAR TRIGO. [...]

CANÇÕES, PARLENDAS, QUADRINHAS, PARA CRIANÇAS NOVINHAS, DE RUTH ROCHA. SÃO PAULO: SALAMANDRA, 2013.

OBSERVE QUE, ALÉM DAS LETRAS, O TEXTO APRESENTA ALGUNS SINAIS DE PONTUAÇÃO. ESSES SINAIS SERVEM PARA SEPARAR TRECHOS DE UM TEXTO, PARA INDICAR UMA PERGUNTA, PARA INDICAR A FALA DE UM PERSONAGEM, ETC.

PARA EXPRESSAR NOSSO PENSAMENTO NA ESCRITA, USAMOS LETRAS E **SINAIS DE PONTUAÇÃO**. PARA PERGUNTAR, USAMOS O **PONTO DE INTERROGAÇÃO** ?.

PARA INDICAR ALEGRIA, ESPANTO OU SURPRESA, USAMOS O **PONTO DE EXCLAMAÇÃO** !.

ATIVIDADES

1. ASSINALE A FRASE QUE É UMA PERGUNTA NA PARLENDA.

( ) DEDO MINDINHO

( ) — CADÊ O TOUCINHO QUE ESTAVA AQUI?

( ) — FOI PRO MATO.

2. COPIE DA PARLENDA AS OUTRAS PERGUNTAS QUE SÃO FEITAS.

....

....

....

....

....

FIQUE POR DENTRO!

EM DIÁLOGOS, O TRAVESSÃO — É USADO PARA INDICAR A FALA DOS PERSONAGENS.

3. ASSINALE A FRASE EM QUE O SINAL DE PONTUAÇÃO INDICA ESPANTO, SURPRESA.

( ) — GATO COMEU!

( ) — CADÊ O GATO?

( ) — FOI PRO MATO.

4 USE O TRAVESSÃO NA ANEDOTA ABAIXO, QUANDO FOR NECESSÁRIO.

O MENINO MALUQUINHO RESOLVEU APRENDER A TOCAR BATERIA.

UM DIA, A MÃE DELE ENTROU NO QUARTO E DISSE:

PARA, MALUQUINHO! SE VOCÊ CONTINUAR A TOCAR ESSA BATERIA, EU VOU FICAR LOUCA.

E O MALUQUINHO:

SINTO MUITO, MÃE, MAS EU JÁ PAREI DE TOCAR FAZ UM TEMPÃO...

O LIVRO DO RISO DO MENINO MALUQUINHO: TODAS AS PIADAS QUE AS CRIANÇAS OUVIRAM OU CONTARAM NO ÚLTIMO SÉCULO, DE ZIRALDO. SÃO PAULO: MELHORAMENTOS, 2013.

5 COMPLETE O TEXTO ABAIXO COM OS SINAIS DE PONTUAÇÃO QUE ESTÃO FALTANDO (TRAVESSÃO E PONTO DE INTERROGAÇÃO).

CADÊ O TRIGO

GALINHA ESPALHOU.

CADÊ A GALINHA

FOI BOTAR OVO.

CADÊ O OVO

O FRADE COMEU.

CANÇÕES, PARLENDAS, QUADRINHAS, PARA CRIANÇAS NOVINHAS, DE RUTH ROCHA. SÃO PAULO: SALAMANDRA, 2013.

6 LEIA AS FRASES DO QUADRO. DEPOIS, ESCREVA-AS NOS BALÕES DOS PERSONAGENS CORRESPONDENTES.

EXISTE ALGUÉM MAIS BONITA DO QUE EU?

QUE LINDA MOÇA! QUEM SERÁ ELA?

ABRA A PORTA!

PARA QUE UMA BOCA TÃO GRANDE?

NO DIA A DIA

VOCÊ JÁ VISITOU ALGUMA EXPOSIÇÃO DE ARTE? VEJA A TELA REPRODUZIDA A SEGUIR. ELA FOI PINTADA POR UM IMPORTANTE ARTISTA BRASILEIRO: CANDIDO PORTINARI.

- FAÇA COMO AS CRIANÇAS DA ILUSTRAÇÃO ABAIXO: OBSERVE A PINTURA ATENTAMENTE E ESCREVA NO BALÃO DE FALA OS SINAIS DE PONTUAÇÃO QUE ACHAR ADEQUADOS.

MENINOS SOLTANDO PIPAS, ÓLEO SOBRE TELA DE CANDIDO PORTINARI, 1947.

ORTOGRAFIA

M ANTES DE P E B

A REGRA É...

MP **MB**

ANTES DE **P** E **B** SÓ USAMOS **M**.

ANTES DE OUTRAS CONSOANTES, USAMOS **N**.

1 COMPLETE OS AVISOS ABAIXO COM AS LETRAS **M** OU **N**.

AO SAIR, NÃO DEIXE LÂ......PADAS ACESAS!

CUIDADO COM A TRO......BA DO ELEFA......TE!

NÃO FIQUE MUITO TE......PO NA FRE......TE DO CO......PUTADOR!

PRATIQUE O CO......SUMO CO......SCIE......TE CO......PRA......DO SOME......TE O NECESSÁRIO!

2 ESCREVA AS EXPRESSÕES DOS QUADROS EMBAIXO DAS FIGURAS CORRESPONDENTES.

TROMBA DE ELEFANTE	PENTE SEM DENTE
TAMBOR NA SOMBRA	BANCO NO CAMPO

....

....

....

....

3 ESCREVA A SÍLABA QUE FALTA EM CADA PALAVRA.

....	BO	LÊ

....	PA	DA

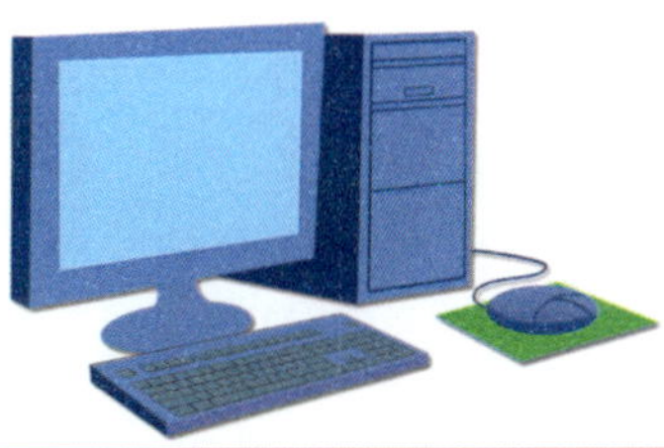

....	PU	TA	DOR

....	BEI	RO

CAPÍTULO 3 SOM NASAL: TIL

LEIA ESTE POEMA. NOTE QUE ALGUMAS PALAVRAS APRESENTAM O SINAL GRÁFICO TIL ~. CIRCULE-AS.

REIZINHOS MANDÕES

TODO DIA A GENTE ENCONTRA
MUITO REIZINHO MANDÃO
MAS OS REIS TAMBÉM ENFRENTAM
OS QUE SABEM DIZER NÃO!

TODA CRIANÇA DO MUNDO MORA NO MEU CORAÇÃO, DE RUTH ROCHA. SÃO PAULO: SALAMANDRA, 2014.

FIQUE POR DENTRO!

O **TIL** ~ É UM SINAL GRÁFICO USADO SOBRE AS LETRAS **A** E **O** PARA INDICAR SOM NASAL.

COM A AJUDA DO PROFESSOR, PROCURE, EM REVISTAS E JORNAIS, PALAVRAS COM TIL E COPIE-AS ABAIXO.

....

....

....

....

....

ATIVIDADES

1. COMPLETE O NOME DOS BRINQUEDOS COM **Ã** OU **ÃO**.

ROLIM..........

PI..........

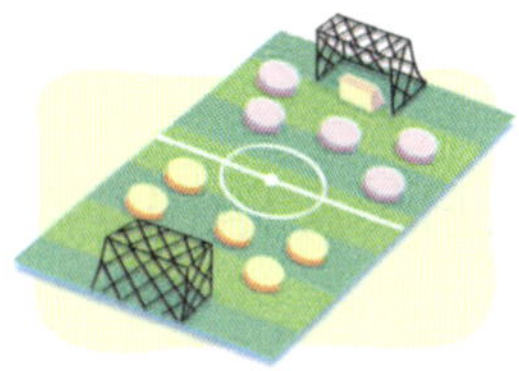

BOT..........

2. DESEMBARALHE AS LETRAS E FORME OS NOMES PEDIDOS. COMECE PELA LETRA DESTACADA.

L O I **V** O Ã	INSTRUMENTO MUSICAL	....
A Ã **M** O M	FRUTA	....
I V Ã O **A**	MEIO DE TRANSPORTE	....
Ã O **J** O	NOME PRÓPRIO DE PESSOA	....
O E **L** Ã	NOME COMUM DE ANIMAL	....

3. ESCREVA AS PALAVRAS ABAIXO DA FIGURA CORRETA.

TUBARÃO TUBARÕES

....

....

ORTOGRAFIA

CE, CI, Ç

1 LEIA A FÁBULA COM OS COLEGAS.

A CIGARRA E A FORMIGA

FÁBULA DE ESOPO ADAPTADA PELOS AUTORES.

2 ESCREVA O NOME DE QUEM CANTAVA DURANTE O VERÃO.

....

3 ASSINALE O QUE A FORMIGA DISSE PARA A CIGARRA FAZER.

( ) AGORA CANTE!   ( ) AGORA DANCE!

4 CIRCULE A LETRA **C** NAS PALAVRAS.

CIGARRA   DANCE

- COMPLETE.

NAS PALAVRAS ACIMA, A LETRA **C** VEM ANTES DAS VOGAIS .... E ....

FIQUE POR DENTRO!

A LETRA **C** ANTES DAS LETRAS **E** E **I** TEM SOM DE **S**.

5 LEIA EM VOZ ALTA AS SEGUINTES PALAVRAS E COMPARE O SOM DA LETRA **C**.

CIGARRA   CEGONHA   CAVALO   MORCEGO   CUTIA   COBRA

- ESCREVA O NOME DOS ANIMAIS NA COLUNA CORRESPONDENTE.

SOM DO **C** (CA, CO, CU)	SOM DO **C** (CE, CI)
....	....
....	....
....	....

FIQUE POR DENTRO!

A LETRA **C** ANTES DAS LETRAS **A**, **O** E **U** TEM SOM DE **K**.

6 ESCREVA A SÍLABA **CE** OU **CI** PARA COMPLETAR O NOME DAS FIGURAS.

....	BO	LA

BI	....	CLE	TA

7 LEIA A PARLENDA EM VOZ ALTA E CIRCULE AS PALAVRAS EM QUE A LETRA **C** TEM O SOM DA LETRA **S**.

UMA PULGA NA BALANÇA
DEU UM PULO, FOI À FRANÇA.
OS CAVALOS A CORRER,
OS MENINOS A BRINCAR,
VAMOS VER QUEM VAI PEGAR!

PARLENDA POPULAR.

8 LEIA EM VOZ ALTA AS PALAVRAS E OBSERVE O SOM DAS LETRAS DESTACADAS.

BALAN**Ç**A FRAN**Ç**A PO**Ç**O CA**Ç**ULA

FIQUE POR DENTRO!

O SINAL COLOCADO EMBAIXO DA LETRA **C** É CHAMADO DE CEDILHA ¸.
A CEDILHA É USADA NO **C** ANTES DE **A**, **O** E **U** PARA INDICAR SOM **S**.

9 LEIA AS PALAVRAS E ESCREVA-AS NOS BALÕES DE FALA ADEQUADOS.

FACA FAÇA

10 COMPLETE AS PALAVRAS COM **C** OU **Ç**.

ALIMENTOS	ANIMAIS
MA.........Ã	ON.........A
ALFA.........E	.........ANGURU
A.........ÚCAR	AL.........E
A.........AÍ	BI.........HO-PREGUI.........A
.........EBOLA	.........APIVARA
.........OUVE	JA.........ARÉ-A.........U
ES.........AROLA	.........ERVO

CAPÍTULO 4

PONTO-FINAL E VÍRGULA

LEIA UM TRECHO DO LIVRO **BALAS, BOMBONS E CARAMELOS**.

UM GRANDE SUJEITO [,] O PIPO [.]

E NÃO ERA SÓ PORQUE ELE ERA UM SUJEITO GRANDE [,] NÃO [.]

AFINAL [,] HAVIA ALI POR PERTO MUITOS OUTROS BICHOS GRANDES [.]

MAS NENHUM TINHA TANTOS AMIGOS COMO PIPO [,] O HIPOPÓTAMO [.] [...]

BALAS, BOMBONS E CARAMELOS, DE ANA MARIA MACHADO. SÃO PAULO: MODERNA, 2015.

ALÉM DAS LETRAS, O TEXTO APRESENTA OS SEGUINTES SINAIS DE PONTUAÇÃO:

[.] **PONTO-FINAL** – USADO NO FINAL DAS FRASES.

[,] **VÍRGULA** – USADA PARA SEPARAR AS PALAVRAS.

ATIVIDADES

1 LEIA MAIS UM TRECHO DO LIVRO **BALAS, BOMBONS E CARAMELOS**. PINTE DE AMARELO AS VÍRGULAS E DE VERDE OS PONTOS-FINAIS.

> [...] MAS, TAMBÉM, NENHUM DELES TINHA A SIMPATIA DO PIPO.
>
> A CALMA DO PIPO.
>
> PRINCIPALMENTE, O SORRISO DO PIPO.
>
> POR ISSO TODO MUNDO GOSTAVA DELE. [...]
>
> **BALAS, BOMBONS E CARAMELOS**, DE ANA MARIA MACHADO. SÃO PAULO: MODERNA, 2015.

2 COMPLETE AS FRASES COM AS PALAVRAS ABAIXO E COLOQUE O PONTO-FINAL.

HISTÓRIAS DESENHOS HIPOPÓTAMO

A) GANHEI UM LIVRO DE .... NO MEU ANIVERSÁRIO ......

B) FIZ ALGUNS .... DA HISTÓRIA COM GIZ DE CERA ......

C) PIPO ERA O NOME DO .... DA HISTÓRIA QUE LI ......

3 REESCREVA A FRASE SUBSTITUINDO AS FIGURAS POR PALAVRAS. USE VÍRGULA E PONTO-FINAL NA FRASE REESCRITA.

É PROIBIDO PISAR NA  ARRANCAR  JOGAR  NO CHÃO E MALTRATAR OS 

....

....

4 COLOQUE A VÍRGULA PARA SEPARAR O NOME DO LUGAR NAS DATAS.

A) CAMPINAS 12 DE SETEMBRO DE 2016.

B) SALVADOR 19 DE AGOSTO DE 2011.

C) FLORIANÓPOLIS 30 DE ABRIL DE 2012.

D) SÃO PAULO 25 DE DEZEMBRO DE 2015.

5 VEJA O CONVITE QUE JOANA FEZ PARA CHAMAR OS AMIGOS PARA SUA FESTA DE ANIVERSÁRIO. CIRCULE AS VÍRGULAS.

VENHA COMEMORAR O MEU ANIVERSÁRIO!

SALÃO DE FESTAS, 15 DE JANEIRO
ÀS 16 HORAS.

Rua do Horizonte, n. 99

VAI SER MUITO DIVERTIDO!

Joana

- AGORA É A SUA VEZ DE FAZER UM CONVITE!
IMAGINE QUE SEU ANIVERSÁRIO ESTÁ CHEGANDO E COMPLETE O CONVITE ABAIXO PARA CHAMAR SEUS AMIGOS PARA UMA FESTA EM SUA CASA. NÃO SE ESQUEÇA DE USAR A PONTUAÇÃO.

ORTOGRAFIA

SÍLABAS QUE, QUI

1 LEIA O POEMA E CIRCULE AS PALAVRAS QUE TÊM **QU**.

— PORQUINHO, PORQUINHO,
VOCÊ JÁ ESTÁ DE PÉ?
— SÓ UM MINUTINHO!
MEU CORPO NÃO QUER.
[...]

SÓ UM MINUTINHO, DE IVAN ZIGG. RIO DE JANEIRO: NOVA FRONTEIRA, 2009.

2 COMPLETE AS PALAVRAS COM **QUE** OU **QUI**. DEPOIS, COPIE-AS.

MOS.........................TO

....

PAR.........................

....

PERI.........................TO

....

BRIN.........................DO

....

ES.........................LO

....

ES.........................LETO

....

FIQUE POR DENTRO!

NAS SÍLABAS **QUE** E **QUI**, A VOGAL **U** NÃO É PRONUNCIADA.

3 ESCREVA O DIMINUTIVO DOS NOMES. VEJA O EXEMPLO.

BARCO

BARQUINHO

BONECA

....

PETECA

....

COCO

....

4 QUE SÍLABAS FALTAM NESTAS PALAVRAS? **DICA**: ELAS TÊM **QU** SEGUIDO DAS VOGAIS **E** OU **I**.

	E	TO		ES		NA
MÁ		NA		PAR		
BOS				BRIN		DO

CAPÍTULO 5

MASCULINO E FEMININO

LEIA O TEXTO E COMPARE OS PARES DE ANIMAIS APRESENTADOS.

NO DESFILE DA BICHARADA,
OS PARES SE APRESENTANDO:
É O **GATO** COM A **GATA**,
O **CÃO** COM A **CADELA**.
CHEGAM TAMBÉM BERRANDO
O **CARNEIRO** E A **OVELHA**.
E NO FINAL, CANTANDO,
O **GALO** E A **GALINHA**.

TEXTO DOS AUTORES.

INDICAM ANIMAIS DO SEXO MASCULINO	INDICAM ANIMAIS DO SEXO FEMININO
O GATO	A GATA
O CÃO	A CADELA
O CARNEIRO	A OVELHA
O GALO	A GALINHA

OS NOMES PODEM SER **MASCULINOS** OU **FEMININOS**.

ANTES DOS NOMES MASCULINOS, PODE-SE USAR **O**. POR EXEMPLO: **O** GATO.

ANTES DOS NOMES FEMININOS, PODE-SE USAR **A**. POR EXEMPLO: **A** CADELA.

ATIVIDADES

1 ESCREVA A LETRA INICIAL DE CADA FIGURA E DESCUBRA OUTRO NOME.

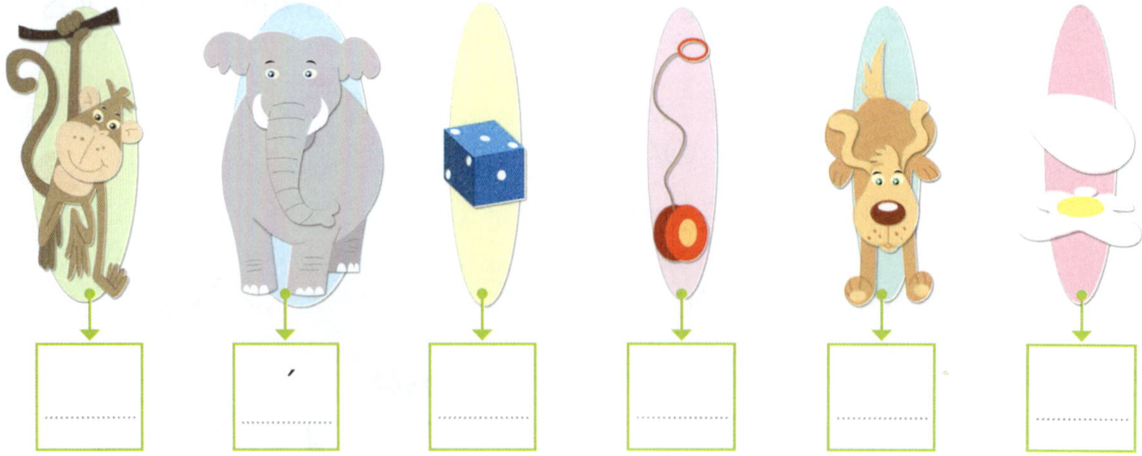

- AGORA, COMPLETE A FRASE COM O NOME QUE VOCÊ DESCOBRIU E SEU FEMININO.

O .... E A .... CUIDAM DOS PACIENTES.

2 VAMOS FORMAR PARES? COMPLETE AS COLUNAS.

NOMES MASCULINOS	NOMES FEMININOS
O ALUNO	A ....
O	A VIZINHA
O	A AMIGA
O FILHO	A ....
O NETO	A ....
O	A PRIMA

3 ESCREVA **A** OU **O** ANTES DE CADA NOME A SEGUIR.

FIQUE POR DENTRO!

OS NOMES DAS COISAS E DOS OBJETOS TAMBÉM PODEM SER MASCULINOS OU FEMININOS. ANTES DOS NOMES MASCULINOS, PODE-SE USAR **O**. ANTES DOS NOMES FEMININOS, PODE-SE USAR **A**.

.... BICICLETA	.... CASA	.... CARRO
.... LIVRO	.... PÃO	.... PORTA
.... TOMATE	.... XÍCARA	.... COMPUTADOR
.... MESA	.... PRATO	.... CEBOLA

- AGORA, PINTE DE LARANJA OS NOMES MASCULINOS E DE VERDE OS NOMES FEMININOS.

4 CADA BICHO COM SEU PAR! LEIA O POEMA EM VOZ ALTA.

A DANÇA DOS BICHOS

NO BAILE DA BICHARADA
DANÇA O PERU COM A PERUA
O MACACO COM A MACACA
O BOI NÃO DANÇA COM A BOA
O BOI SÓ DANÇA COM A VACA!

TODA CRIANÇA DO MUNDO MORA NO MEU CORAÇÃO, DE RUTH ROCHA. SÃO PAULO: SALAMANDRA, 2014.

- AGORA, ESCREVA O FEMININO DOS NOMES ABAIXO.

A) O PERU E A ....

B) O MACACO E A ....

C) O BOI E A ....

5 VEJA UMA PÁGINA DE ÁLBUM COM PARES DE FIGURINHAS. CONTINUE A DESENHAR E A ESCREVER OS NOMES.

REI

RAINHA

MENINO

....

PROFESSOR

....

ORTOGRAFIA

PALAVRAS COM LH

1 OBSERVE A FIGURA E LEIA A FRASE.

O **GALO** FOI PARAR NO **GALHO** DA ÁRVORE!

A) VEJA.

G	A	L	H	O

B) COMPLETE A FRASE.

GALO VIRA **GALHO** COM O ACRÉSCIMO DA LETRA ....

FIQUE POR DENTRO!

AS LETRAS **LH** SÃO PRONUNCIADAS JUNTAS.

2 ACRESCENTE A LETRA **H**, COMO NO EXEMPLO, E FORME NOVAS PALAVRAS.

BOLA → BOLHA

MALA → ....

CALA → ....

VELA → ....

FALA → ....

FILA → ....

TELA → ....

MOLA → ....

ROLA → ....

COLA → ....

3 ACOMPANHE A LEITURA DO TEXTO. DEPOIS, COMPLETE-O COM O NOME DAS FIGURAS ABAIXO.

QUANDO HOJE ACORDEI, ABRI OS ______________ ASSUSTADA COM UMA GRITARIA E UM BARULHÃO NA SALA.

CAÍ NA GARGALHADA QUANDO VI UM ______________ QUE SALTAVA DE UM LADO PARA O OUTRO, TENTANDO ESCAPAR DE UMA ______________ QUE MIRAVA PICAR SUA ______________.

TEXTO DOS AUTORES.

4 ESCREVA A SÍLABA QUE FALTA NO NOME DE CADA FIGURA.

MI	______

PI	O	______

ES	PE	______

FO	______	GEM

5 LEIA O TEXTO COM OS COLEGAS E O PROFESSOR. DEPOIS, CIRCULE AS PALAVRAS QUE TENHAM **LH**.

O PALHAÇO É SEMPRE FALANTE E BRINCALHÃO. ELE CANTA E TOCA INSTRUMENTOS.

SUAS ROUPAS SÃO COLORIDAS E SEUS SAPATOS SÃO GRANDES. ELE TEM UMA BOCA ENORME E UM NARIZ VERMELHO NA CARA BRANCA.

QUANDO SURGIU O CIRCO, NÃO EXISTIA LUZ ELÉTRICA E AS VELAS E OS LAMPIÕES NÃO ILUMINAVAM O PALCO DIREITO.

PARA A PLATEIA VER O PALHAÇO DE LONGE, ELE PINTAVA O ROSTO DE BRANCO E DEIXAVA A BOCA BEM GRANDE E AS EXPRESSÕES BEM MARCADAS. E ESSE COSTUME CONTINUA ATÉ HOJE!

CIRCOLÂNDIA, DE RODRIGO DE FREITAS VALLE EGEA E ROSIMARA VIANNA. SÃO PAULO: MODERNA, 2014.

6 AGORA, ESCREVA AS PALAVRAS QUE VOCÊ CIRCULOU.

....

....

....

IDEIAS EM AÇÃO

- OBSERVE AS ILUSTRAÇÕES NA PÁGINA AO LADO. ESCREVA EM CADA CÍRCULO O NÚMERO DA CAIXA EM QUE OS OBJETOS DEVEM SER COLOCADOS.

  CAIXA 1 – AQUELES QUE TÊM ACENTO OU TIL NO NOME.

  CAIXA 2 – AQUELES QUE TÊM AS LETRAS **R** OU **RR** NO NOME.

  CAIXA 3 – AQUELES QUE TÊM A LETRA **S** NO NOME.

  CAIXA 4 – AQUELES QUE TÊM AS LETRAS **Ç** OU **C** NO NOME.

- AGORA, ESCREVA O NOME DOS OBJETOS NAS CAIXAS.

1

2

3

4

UNIDADE 4

O QUE VOU ESTUDAR?

- SINGULAR E PLURAL
- AUMENTATIVO E DIMINUTIVO
- QUALIDADE DOS NOMES
- PALAVRA QUE INDICA AÇÃO
- AÇÃO: ONTEM, HOJE, AMANHÃ
- LEITURA E ESCRITA DE PALAVRAS COM: **NH, CH, X, GUE/GUI**

SINGULAR E PLURAL

ACOMPANHE A LEITURA QUE O PROFESSOR VAI FAZER DO TEXTO.

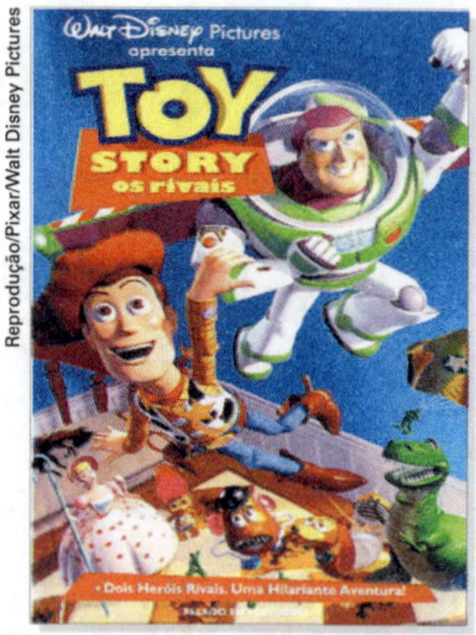

Reprodução/Pixar/Walt Disney Pictures

O BRINQUEDO FAVORITO DE ANDY DAVIS, UM MENINO COM OITO ANOS, É UM COWBOY DE PANO, O XERIFE WOODY. O QUE ANDY NÃO SABE É QUE QUANDO OS HUMANOS NÃO ESTÃO OLHANDO OS BRINQUEDOS GANHAM VIDA. WOODY É CONSIDERADO O LÍDER DOS BRINQUEDOS DO QUARTO DO ANDY. WOODY É MUITO AMIGO DE SLINKY, UM CÃO COM MOLAS QUE É MUITO FIEL AO COWBOY. ANDY AINDA POSSUI OUTROS BRINQUEDOS, TAIS COMO PORQUINHO, O PORCO-COFRINHO; SR. CABEÇA DE BATATA, O CLÁSSICO BRINQUEDO MONTÁVEL DA HASBRO; REX, O TIRANOSSAURO DE BRINQUEDO; BETTY, A PASTORA DE OVELHAS QUE POSSUI UMA QUEDA POR WOODY; DENTRE MUITOS OUTROS.

COMO A CASA EM QUE ANDY MORA ESTÁ À VENDA E SEU ANIVERSÁRIO SE APROXIMA, A FESTA DE ANIVERSÁRIO DO GAROTO É ANTECIPADA, FAZENDO COM QUE OS BRINQUEDOS ENTREM EM PÂNICO, COM MEDO DE SEREM TROCADOS E ESQUECIDOS. [...]

DISPONÍVEL EM: <https://pt.wikipedia.org/wiki/toy_story>. ACESSO EM: 22 JAN. 2016.

OBSERVE:

O BRINQUEDO

UM SÓ BRINQUEDO

OS BRINQUEDOS

MAIS DE UM BRINQUEDO

OS NOMES ESTÃO NO **SINGULAR** QUANDO INDICAM UM SÓ ELEMENTO.
OS NOMES ESTÃO NO **PLURAL** QUANDO INDICAM MAIS DE UM ELEMENTO.

ATIVIDADES

1 CONTINUE A ESCREVER E DESENHAR.

BOLA

BOLAS

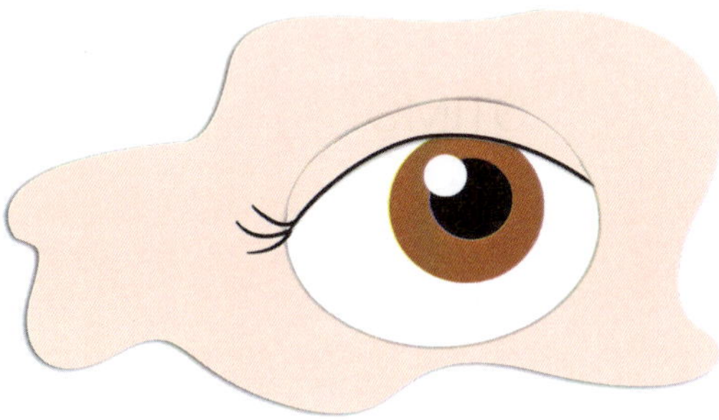

OLHO

LARANJA

2 LEIA AS PALAVRAS ABAIXO. DEPOIS, ESCREVA-AS NA COLUNA CORRETA.

JARROS	MAÇÃ	LIVRO	ÁRVORES

INDICA UM SÓ ELEMENTO	INDICA MAIS DE UM ELEMENTO
....	....
....	....

- AGORA, COMPLETE AS FRASES COM AS PALAVRAS DO QUADRO.

  A) AS MENINAS COLOCARAM AS FLORES NOS ....

  B) AS .... CRESCERAM!

  C) ACABEI DE LER UM .... ÓTIMO!

  D) MINHA FRUTA FAVORITA É ....

3 OBSERVE O EXEMPLO E CONTINUE.

TAPETE COLORIDO

TAPETES COLORIDOS

CARRO NOVO

....

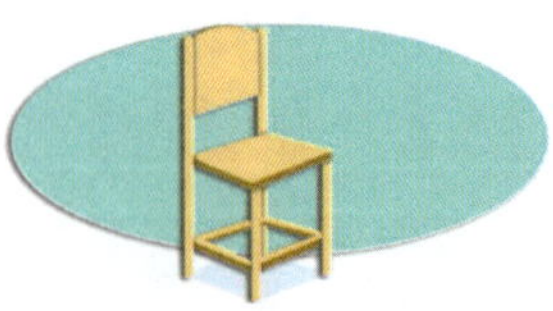

CADEIRA ALTA

....

4 ENCONTRE NO DIAGRAMA QUATRO PALAVRAS QUE INDICAM MAIS DE UM ELEMENTO E CIRCULE-AS.

W	E	S	T	R	E	L	A	S	W	A
H	A	M	Ã	O	S	G	U	Q	R	B
U	H	Q	R	Q	I	N	O	H	J	I
I	W	C	O	L	A	R	E	S	L	I
H	T	R	D	P	X	R	O	N	U	L
O	N	S	B	O	M	B	O	N	S	U
U	H	Q	R	Q	I	N	O	H	J	I

- AGORA, ESCREVA AS PALAVRAS QUE VOCÊ ENCONTROU ABAIXO DA FIGURA CORRESPONDENTE.

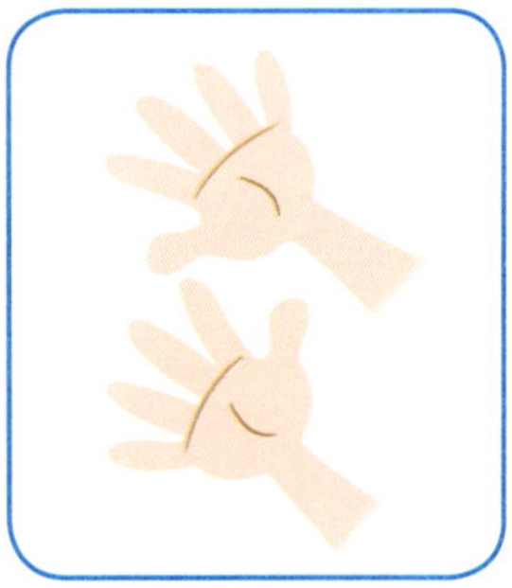

....

5 ESCREVA O SINGULAR OU O PLURAL DAS PALAVRAS. VEJA OS EXEMPLOS.

FIQUE POR DENTRO!

ANTES DE NOMES MASCULINOS PODEMOS USAR **O** E **OS**.
ANTES DE NOMES FEMININOS PODEMOS USAR **A** E **AS**.

O COELHO → OS COELHOS

A FLOR → AS FLORES

A SEMENTE → AS ....

O DIA → OS ....

A .... → AS MULHERES

O .... → OS JARDINS

O BEBÊ → OS ....

O RATO → OS ....

NO DIA A DIA

MUITAS VEZES, NO DIA A DIA, QUEREMOS ESCOLHER MAIS DE UMA COISA E PRECISAMOS SOMENTE DE UMA.

CERTAMENTE VOCÊ JÁ PEDIU A UM ADULTO QUE LHE DESSE MAIS DE UMA COISA, COMO BRINQUEDO, ROUPA, ETC., MAS NAQUELE MOMENTO APENAS UMA ERA O BASTANTE.

1. FAÇA DESENHOS E ESCREVA SE A SITUAÇÃO FOI RESOLVIDA NO SINGULAR OU NO PLURAL.

2 PROCURE, EM JORNAIS E REVISTAS, FIGURAS DE QUALQUER ALIMENTO NO PLURAL. RECORTE-AS E COLE-AS ABAIXO. NÃO SE ESQUEÇA DE IDENTIFICAR OS ALIMENTOS ENCONTRADOS.

ORTOGRAFIA

PALAVRAS COM NH

1 LEIA O TEXTO COM OS COLEGAS.

ORA BOLAS!

ORA BOLAS BOLINHAS BALÕES!

ORA BALAS BARBATANAS BOTÕES!

ORA BALSAS BAINHAS BORRÕES!

ORA BANDAS BARGANHAS BABÕES!

ORA BODES BULDOGUES BARÕES!

ORA BOLAS BOLINHAS LIMÕES!

TRAVA-LÍNGUA, QUEBRA-QUEIXO, REMA-REMA, REMELEXO, DE ALMIR CORREIA. SÃO PAULO: CORTEZ, 2010.

- AGORA, COPIE AS PALAVRAS DO TEXTO QUE TÊM **NH**.

....

2 ESCREVAS AS SÍLABAS **NHA** OU **NHO** PARA COMPLETAR O NOME DOS ANIMAIS.

Andreas.R/Shutterstock

Anat Chant/Shutterstock

ingimage/Other Images

CEGO.................. GAFA..................TO GALI..................

Syaochka/Shutterstock/Imageplus

Vinicius Tupinamba/Shutterstock/Imageplus

MiolousSK/Shutterstock/Imageplus

ARA..................... MI..................CA PINTI.....................

3 OBSERVE A CENA E LEIA A FRASE.

NÃO **TINHA** ÁGUA NA **TINA**.

- COMPARE:

TINA TIN**H**A

A INCLUSÃO DA LETRA **H** MUDOU O SOM E O SENTIDO DA PALAVRA.

- FORME NOVAS PALAVRAS ACRESCENTANDO A LETRA **H**.

MINA → ....

PINO → ....

SONO → ....

MANA → ....

4 ORDENE AS SÍLABAS E DESCUBRA PALAVRAS.

NHÃ	MA	→ ....

NHO	BA	→ ....

NHÃO	MI	CA	→ ....

DA	PE	NHO	CI	→ ....

- AGORA, COMPLETE AS FRASES COM AS PALAVRAS FORMADAS.

A) COMA UM .... DE BOLO!

B) MEU TIO É MOTORISTA DE ....

C) ACORDEI ÀS 7 HORAS DA ....

D) TOMEI .... E FUI PARA A ESCOLA.

FIQUE POR DENTRO!

NA SEPARAÇÃO DE SÍLABAS, AS LETRAS **NH** FICAM JUNTAS.

5 QUAL DOS NOMES SE ENCAIXA NOS QUADRINHOS? SEPARE AS SÍLABAS E DESCUBRA!

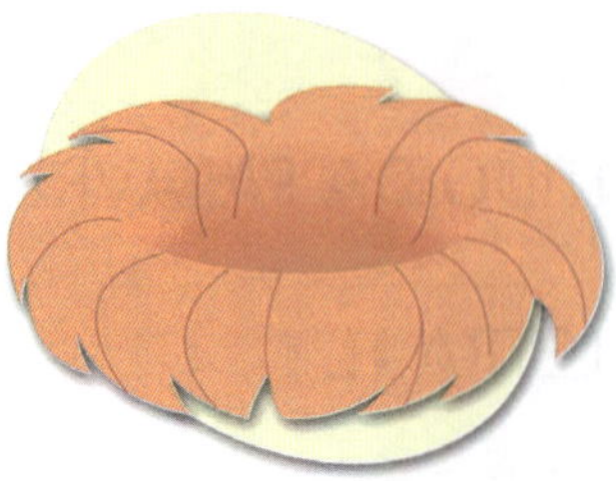

NINHO

GATINHO

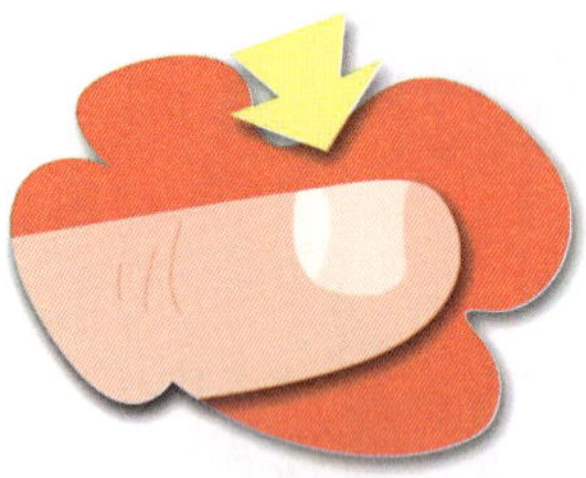

UNHA

JOANINHA

PINHEIRO

CAMPAINHA

CAPÍTULO 2

AUMENTATIVO E DIMINUTIVO

OBSERVE O TAMANHO DESTAS CASAS.

CASA

↓

TAMANHO NORMAL

CASINHA

↓

TAMANHO PEQUENO

CASARÃO

↓

TAMANHO GRANDE

FIQUE POR DENTRO!

O **DIMINUTIVO** DÁ IDEIA DE TAMANHO **PEQUENO**.
O **AUMENTATIVO** DÁ IDEIA DE TAMANHO **GRANDE**.

QUANDO A PALAVRA INDICA **DIMINUIÇÃO** DE TAMANHO, ELA ESTÁ NO **DIMINUTIVO**.

QUANDO A PALAVRA INDICA **AUMENTO** DE TAMANHO, ELA ESTÁ NO **AUMENTATIVO**.

ATIVIDADES

1 VEJA NO TEXTO ABAIXO O USO DE DIMINUTIVO E AUMENTATIVO.

> ERA UMA VEZ UM SOLDADINHO DE CHUMBO, QUE ESTAVA ABANDONADO E ESQUECIDO ENTRE BONECÕES, LIVRÕES E TRENZINHOS DE MADEIRA.

- CIRCULE O QUE FOI CITADO NO TEXTO:

NO DIMINUTIVO

NO AUMENTATIVO

2 LEIA O TRECHO DE UM CONTO.

SEU LOBO

SEU LOBO, POR QUE ESSES OLHOS TÃO GRANDES?
PRA TE VER, CHAPEUZINHO.

SEU LOBO, PRA QUE ESSAS PERNAS TÃO GRANDES?
PRA CORRER ATRÁS DE TI, CHAPEUZINHO.

[...]

SEU LOBO, POR QUE ESSE NARIZ TÃO GRANDE?
PRA TE CHEIRAR, CHAPEUZINHO.

SEU LOBO, POR QUE ESSA BOCA TÃO GRANDE?
AH, DEIXA DE SER ENJOADA, CHAPEUZINHO!

111 POEMAS PARA CRIANÇAS, DE SÉRGIO CAPPARELLI. PORTO ALEGRE: L&PM, 2003.

- REESCREVA AS FRASES ABAIXO SUBSTITUINDO AS EXPRESSÕES DESTACADAS POR PALAVRAS DO QUADRO.

BOCARRA	PERNÕES	OLHÕES	NARIGÃO

A) SEU LOBO, POR QUE ESSES **OLHOS TÃO GRANDES**?

....

B) SEU LOBO, POR QUE ESSAS **PERNAS TÃO GRANDES**?

....

C) SEU LOBO, POR QUE ESSE **NARIZ TÃO GRANDE**?

....

D) SEU LOBO, POR QUE ESSA **BOCA TÃO GRANDE**?

....

- AGORA, VAMOS DIMINUIR O TAMANHO?

PERNINHAS	OLHINHOS	BOQUINHA	NARIZINHO

A) SEU LOBO, POR QUE ESSES **OLHOS TÃO PEQUENOS**?

....

B) SEU LOBO, POR QUE ESSAS **PERNAS TÃO PEQUENAS**?

....

C) SEU LOBO, POR QUE ESSE **NARIZ TÃO PEQUENO**?

....

D) SEU LOBO, POR QUE ESSA **BOCA TÃO PEQUENA**?

....

3 PAULO, ALINE E JUCA SÃO VIZINHOS. PAULO TEM UM CACHORRO, ALINE TEM UM CACHORRINHO E JUCA TEM UM CACHORRÃO. DESENHE COMO VOCÊ IMAGINA QUE SEJA O CACHORRO DELES.

PAULO

ALINE

JUCA

- DE QUEM É O CACHORRO MAIOR?

◯ PAULO ◯ ALINE ◯ JUCA

4 DESENHE NOS QUADROS VAZIOS, CONFORME A INDICAÇÃO.

CASA	CASINHA	CASARÃO

CARRO	CARRINHO	CARRÃO

CHAPÉU	CHAPEUZINHO	CHAPELÃO

ORTOGRAFIA

PALAVRAS COM CH

1 LEIA A QUADRINHA E CIRCULE AS PALAVRAS ESCRITAS COM **CH**.

BRINCANDO NA CHUVA

MÃE, DEIXA EU SAIR NA CHUVA,
QUERO IR LÁ FORA BRINCAR.
SENÃO VAI CHOVER EM CASA
DE TANTO QUE EU VOU CHORAR!

POR ENQUANTO EU SOU PEQUENO, DE PEDRO BANDEIRA. SÃO PAULO: MODERNA, 2002.

- LEIA AS SÍLABAS DAS PALAVRAS.

CHU-VA CHO-VER CHO-RAR

FIQUE POR DENTRO!

AS LETRAS **CH** SÃO PRONUNCIADAS JUNTAS.

2 ESCREVA O NOME DAS FIGURAS COM AS SÍLABAS SEPARADAS.

- AGORA, CIRCULE AS SÍLABAS QUE TÊM **CH**.

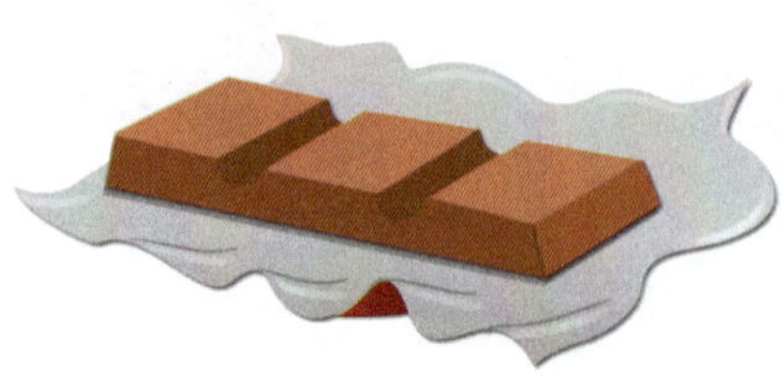

....

3 ACRESCENTE A LETRA **H** E DESCUBRA OUTRAS PALAVRAS. VEJA O EXEMPLO.

MARCA → H → MARC**H**A

CACO → H → ....

CÃO → H → ....

LANCE → H → ....

4 LEIA O TEXTO A SEGUIR. DEPOIS, CIRCULE TODAS AS PALAVRAS QUE TÊM **CH**.

COM **C** ESCREVO CACARECO,
CABRA, COBRA E CRISTAL.
CURIOSIDADE, CACHORRO, CÉU,
CHAVE, CAVALO E CHAPÉU.
O MEU CHAPÉU TEM TRÊS PONTAS,
TEM TRÊS PONTAS O MEU CHAPÉU.
SE NÃO TIVESSE TRÊS PONTAS,
NÃO SERIA MEU CHAPÉU.

UM MUNDO CHAMADO ALFABETO, DE MARCO HAILER. SÃO PAULO: CAROCHINHA, 2014.

- DESENHE UM CHAPÉU DE TRÊS PONTAS AO LADO DO POEMA.
- ESCREVA UMA FRASE COM AS PALAVRAS **CHAPÉU**, **CACHORRO** E **CHAVE**.

....

....

....

....

CAPÍTULO 3

QUALIDADE DOS NOMES

LEIA E O TEXTO ATENTAMENTE.

PELUDO, LARANJA E FOLGADO

Divulgação/Editora Abril

O GATO MAIS FOLGADO DO PLANETA ESTÁ DE VOLTA: ESTREIA SEXTA-FEIRA NOS CINEMAS "GARFIELD 2". NESSA NOVA AVENTURA, GARFIELD E SEU AMIGO CACHORRO ODIE VÃO À INGLATERRA EM BUSCA DE SEU DONO, QUE FOI PEDIR A NAMORADA EM CASAMENTO. SÓ QUE GARFIELD ACABA TOMANDO O LUGAR DE UM GATO DA REALEZA E VAI PARAR NUM CASTELO, CERCADO DE MORDOMIAS. LÓGICO QUE FICA MAIS ABUSADO DO QUE NUNCA, NÉ? ERA A VIDA QUE ELE SONHAVA... SÓ QUE O SONHO NÃO DURA PARA SEMPRE: O TAL PRÍNCIPE-GATO VERDADEIRO APARECE E ACONTECEM MIL CONFUSÕES.

O GLOBO, RIO DE JANEIRO, 17 JUN. 2006. GLOBINHO.

PARA EXPLICAR COMO É O GATO GARFIELD FORAM USADAS AS PALAVRAS **PELUDO**, **LARANJA** E **FOLGADO**.

AS PALAVRAS **PELUDO**, **LARANJA** E **FOLGADO** REFEREM-SE AO NOME **GATO**. ELAS INDICAM **QUALIDADES**, **CARACTERÍSTICAS**.

ATIVIDADES

1 LEIA O TEXTO COM ATENÇÃO.

BRUXA

A BRUXA É UMA VELHA **HORROROSA**, **ALTA**, **MAGRA**, **NARIGUDA**, COM CABELOS **DESPENTEADOS** E QUE USA UM CHAPÉU **PONTUDO**.

GOSTA DE FAZER POÇÕES **MÁGICAS** E ENCANTAMENTOS QUE FERVEM EM SEU **GRANDE** CALDEIRÃO.

É **MISTERIOSA** E ANDA PELA NOITE MONTADA EM SUA VASSOURA, AMEDRONTANDO CRIANCINHAS QUE NÃO QUEREM DORMIR.

TAMBÉM É CONHECIDA COMO CUCA. LEMBRA DA CANÇÃO: "DORME, NENÉM, QUE A CUCA VEM PEGAR, PAPAI FOI NA ROÇA, MAMÃE FOI TRABALHAR"?

PERSONAGENS ENCANTADOS, DE INGRID BIESEMEYER BELLINGHAUSEN. SÃO PAULO: DCL, 2004.

- ESCREVA AS QUALIDADES DESTACADAS NO TEXTO PARA COMPLETAR AS FRASES.

A) A BRUXA É UMA VELHA ....
E ....

B) OS CABELOS DA BRUXA SÃO .... E
ELA USA UM CHAPÉU ....

C) ELA GOSTA DE FAZER POÇÕES .... EM
SEU .... CALDEIRÃO.

D) A BRUXA É ....

- INVENTE MAIS DUAS QUALIDADES PARA A BRUXA.

....

- AGORA, DESENHE A BRUXA DE ACORDO COM AS QUALIDADES APRESENTADAS NO TEXTO E AS QUALIDADES QUE VOCÊ INVENTOU.

2 NOS TÍTULOS DESTES LIVROS APARECEM ALGUMAS QUALIDADES. DESCUBRA-AS E ESCREVA-AS ABAIXO DE CADA CAPA.

Reprodução/Editora Ática

....

Reprodução/Editora Scipione

....

Reprodução/Editora Scipione

....

Reprodução/Editora Scipione

....

Reprodução/Editora Ática

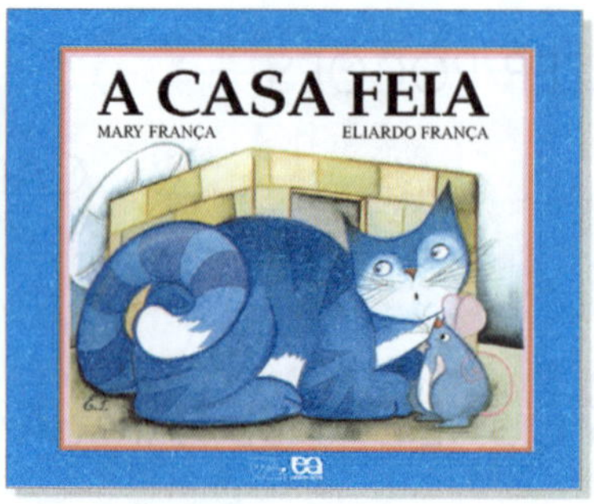

....

Reprodução/Editora Ática

....

3 MARQUE COM UM **X** AS QUALIDADES DOS NOMES A SEGUIR.

FIQUE POR DENTRO!

AS **CORES** TAMBÉM INDICAM UMA **QUALIDADE**.

SOL 

( ) AMARELO ( ) QUADRADO ( ) REDONDO

PIPA 

( ) COLORIDA ( ) LEVE ( ) REDONDA

GATINHO 

( ) CINZA ( ) FEROZ ( ) PELUDO

4 COMPLETE COM O NOME DA FIGURA ACOMPANHADO DE UMA QUALIDADE. VEJA O EXEMPLO.

CÃO FEROZ

....

....

....

5 LEIA O POEMA.

AS BORBOLETAS

BRANCAS
AZUIS
AMARELAS
E PRETAS
BRINCAM
NA LUZ
AS BELAS
BORBOLETAS.

BORBOLETAS BRANCAS
SÃO ALEGRES E FRANCAS.

BORBOLETAS AZUIS
GOSTAM MUITO DE LUZ.
AS AMARELINHAS
SÃO TÃO BONITINHAS!
E AS PRETAS, ENTÃO...
OH, QUE ESCURIDÃO!

A ARCA DE NOÉ, DE VINÍCIUS DE MORAIS. SÃO PAULO: COMPANHIA DAS LETRINHAS, 2015.

- CIRCULE NO POEMA AS QUALIDADES DADAS ÀS BORBOLETAS.
- PINTE AS BORBOLETAS DE ACORDO COM O POEMA.

6 OBSERVE A FIGURA AO LADO E ESCREVA UMA FRASE COM O SUBSTANTIVO E A QUALIDADE INDICADOS.

BORBOLETAS AMARELAS

....

....

ORTOGRAFIA

SÍLABAS GUE, GUI

1 LEIA EM VOZ ALTA AS SEGUINTES PALAVRAS:

GATO

GOIABA

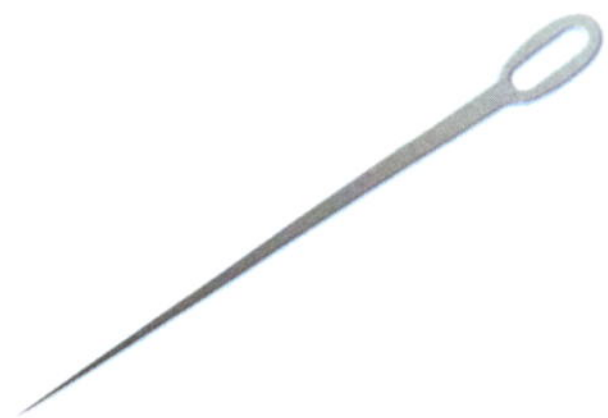

AGULHA

BAGUETE

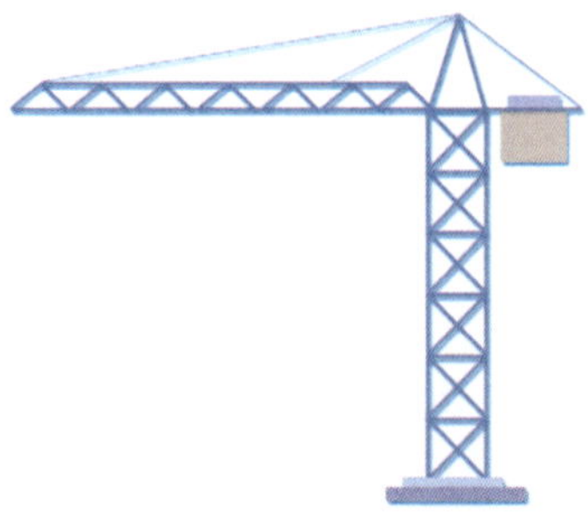

GUINDASTE

FOGUEIRA

- ESCREVA AS PALAVRAS NA COLUNA ADEQUADA.

GA, GO, GU	GUE, GUI

2 JUNTE AS SÍLABAS DE ACORDO COM OS NÚMEROS E FORME PALAVRAS. SIGA O EXEMPLO.

1	2	3	4	5	6
CA	TAR	GUE	PRE	RA	JO
7	8	9	10	11	12
GUI	RAN	ÇA	A	CHÊ	GUER

A) 7, 2, 5 → GUITARRA

B) 1, 8, 3, 6 → ....

C) 7, 11 → ....

D) 4, 7, 9 → ....

E) 12, 5 → ....

F) 7, 10 → ....

3 COMPLETE O QUADRO. VEJA O EXEMPLO.

AMIGA	AMIGUINHA
BARRIGA	....
....	FORMIGUINHA
JOGO	....
....	LAGUINHO
MANGA	....
COLEGA	....

CAPÍTULO 4 PALAVRA QUE INDICA AÇÃO

LEIA O TÍTULO DESTA REVISTA E OBSERVE O QUE AS CRIANÇAS ESTÃO FAZENDO.

SINAL VERDE: TRÂNSITO E CIDADANIA, DE SAMUEL RAMOS LAGO. CURITIBA: NOSSA CULTURA, 2009.

AS CRIANÇAS **ATRAVESSAM** A RUA.

A PALAVRA **ATRAVESSAM** INDICA **AÇÃO**.

USAMOS ALGUMAS PALAVRAS PARA INDICAR **AÇÕES**.

ATIVIDADES

1 OBSERVE A CENA. DEPOIS, ESCREVA NOS ESPAÇOS AS AÇÕES INDICADAS NO QUADRO PARA COMPLETAR AS FRASES.

LIGA	SOBE	ABRE	LÊ

A) A MENINA .... A ESCADA.

B) O MENINO .... UM LIVRO.

C) DONA MARTA .... A TV.

D) SEU JOÃO .... A JANELA.

2 LEIA A PARLENDA E CIRCULE AS PALAVRAS QUE INDICAM AÇÃO.

BATATINHA QUANDO NASCE
ESPALHA A RAMA PELO CHÃO.
MENININHA QUANDO DORME
PÕE A MÃO NO CORAÇÃO.

PARLENDA POPULAR.

3 LEIA ESTE POEMA.

SUCURIZINHA

COME UM BESOURINHO,
CRESCE AQUI.
COME UM SAPINHO,
ESTICA ALI.

COME UM RATINHO,
ENGORDA AQUI.
COME UM PEIXINHO,
AUMENTA ALI.

COME, COME,
COME BASTANTE,
ATÉ VIRAR
UMA COBRA GIGANTE!

BEBÊS BRASILEIRINHOS, DE LALAU. SÃO PAULO: COSAC & NAIFY, 2014.

- ESCREVA A AÇÃO QUE A SUCURIZINHA FAZ.

.... UM BESOURINHO E .... AQUI.

.... UM SAPINHO E .... ALI.

.... UM RATINHO E .... AQUI.

.... UM PEIXINHO E .... ALI.

- DESENHE A SUCURI.

4 OBSERVE A CAPA DESTA REVISTA.

- ESCREVA A AÇÃO QUE VOCÊ ACHA QUE ESTES PERSONAGENS VÃO PRATICAR.

ROSINHA

....

CHICO BENTO

....

ORTOGRAFIA

X COM SOM DE CH

1 LEIA ESTE POEMA.

PONTO DE VISTA

VI UM CACHO
DE BANANA
AMARELINHA
ILUMINANDO
AS PEDRINHAS
DO RIACHO.
PARECIA
UM ABAJUR
MAS DE CABEÇA
PRA BAIXO.

POEMAS MIUDINHOS PARA BRINCAR E RITMAR, DE NEUSA SORRENTI. SÃO PAULO: CARAMELO, 2015.

- COPIE DO POEMA AS PALAVRAS ESCRITAS:

COM **CH**: .... COM **X**: ....

FIQUE POR DENTRO!

EM ALGUMAS PALAVRAS, O **X** TEM O MESMO SOM DO **CH**.

2 ESCREVA A SÍLABA QUE FALTA NAS PALAVRAS.

BRU........ PEI........ ....CARA LI........

3 NO NOME DESTE ANIMAL FALTA UMA DAS SÍLABAS DO QUADRO. DESCUBRA QUAL É E ESCREVA-A.

XA	XE	XI	XO	XU

TE........GO

Colin Robert Varndell/Shutterstock

4 COPIE AS FRASES SUBSTITUINDO A FIGURA PELA PALAVRA.

A) RUTE DEIXOU A  CAIR NO CHÃO.

....

B) A  ESTAVA CAÍDA PERTO DO  .

....

C)  E  SÃO MINHAS FRUTAS FAVORITAS.

....

CAPÍTULO 5

AÇÃO: ONTEM, HOJE, AMANHÃ

LEIA.

ONTEM JOANA **BRINCOU** COM SEU AVÔ. **HOJE** ELA **BRINCA** COM SEUS PRIMOS. E **AMANHÃ** ELA **BRINCARÁ** COM SEU IRMÃOZINHO.

ONTEM

HOJE

AMANHÃ

OBSERVE:

ONTEM → A AÇÃO JÁ ACONTECEU.

HOJE → A AÇÃO ESTÁ ACONTECENDO.

AMANHÃ → A AÇÃO AINDA VAI ACONTECER.

ONTEM, **HOJE** E **AMANHÃ** INDICAM O TEMPO EM QUE AS AÇÕES OCORREM.

A AÇÃO JÁ ACONTECEU → **PASSADO**

A AÇÃO ESTÁ ACONTECENDO → **PRESENTE**

A AÇÃO AINDA VAI ACONTECER → **FUTURO**

ATIVIDADES

1 COMPLETE AS FRASES CONFORME A INDICAÇÃO ENTRE PARÊNTESES.

A) O CACHORRO .... PORQUE ESTÁ BRAVO. (LATIR/PRESENTE)

B) EDU .... O COMPUTADOR. (LIGAR/FUTURO)

C) EU .... BOLO DE FUBÁ. (COMER/PASSADO)

2 OBSERVE AS CENAS E ESCREVA AS PALAVRAS DO QUADRO PARA COMPLETAR AS FRASES.

FIQUE POR DENTRO!

AS AÇÕES SÃO PRATICADAS EM TEMPOS DIFERENTES.

BEBE	BEBEU	BEBERÁ

O GATO .... LEITE.

O GATO .... LEITE.

O GATO .... LEITE.

3 ESCREVA NO CADERNO FRASES USANDO AÇÕES QUE VOCÊ:

A) REALIZOU ONTEM.

B) ESTÁ REALIZANDO AGORA.

C) REALIZARÁ AMANHÃ.

ORTOGRAFIA

X COM SOM DE S; X COM SOM DE Z

1 LEIA A INFORMAÇÃO.

Tui De Roy/Minden Pictures/Latinstock

TAMANDUÁ-BANDEIRA

Denis Scott/Corbis/Latinstock

BALEIA-AZUL

Ewan Chesser/Shutterstock/Imageplus

LOBO-GUARÁ

MUITOS ANIMAIS ESTÃO AMEAÇADOS DE EXTINÇÃO POR CAUSA DA CAÇA, DA POLUIÇÃO E DA DESTRUIÇÃO DO *HABITAT* EM QUE ELES VIVEM.

O TAMANDUÁ-BANDEIRA, A BALEIA-AZUL E O LOBO-GUARÁ SÃO EXEMPLOS DESSES ANIMAIS.

- COPIE AS PALAVRAS DO TEXTO QUE TÊM **X**.

....

....

....

2 COMPLETE AS FRASES COM AS PALAVRAS QUE VOCÊ COPIOU ACIMA.

NA PALAVRA .... A LETRA **X** TEM O MESMO SOM DE **S**, COMO EM **ESPERTO**.

NA PALAVRA .... A LETRA **X** TEM O MESMO SOM DE **Z**, COMO EM **AZEDO**.

3 MARQUE AS PALAVRAS EM QUE O **X** TEM SOM DE **S**.

( ) EXPOSIÇÃO ( ) EXEMPLO ( ) XÍCARA

( ) TÁXI ( ) TEXTO ( ) EXPLICAÇÃO

4 EM CADA COLUNA, CIRCULE A PALAVRA EM QUE O **X** TEM O MESMO SOM DA PALAVRA DESTACADA.

ESCOLA (SOM DE S)	**BUZINA (SOM DE Z)**
BRUXA	TROUXE
EXCLAMAÇÃO	XERETA
REX	EXIGENTE

5 CIRCULE NO DIAGRAMA AS PALAVRAS COM **X**.

V	S	E	X	P	L	O	D	I	R	T	U	O	I
T	Z	X	I	L	I	X	O	I	C	R	D	E	X
E	X	P	L	O	R	A	R	E	B	N	I	H	T
I	G	L	E	X	E	R	C	Í	C	I	O	T	L
M	T	O	U	F	H	T	A	M	E	I	X	A	N
O	E	X	É	R	C	I	T	O	A	T	O	U	R

- AGORA, ESCREVA ABAIXO AS PALAVRAS QUE VOCÊ ENCONTROU.

A) AQUILO QUE SE JOGA FORA: ....

B) ESTOURAR, FAZER BARULHO: ....

C) CONJUNTO DE SOLDADOS: ....

D) FRUTO DA AMEIXEIRA: ....

E) ATIVIDADE FÍSICA OU TRABALHO ESCOLAR: ....

F) PESQUISAR, OBSERVAR: ....

6 LEIA ESTA HISTÓRIA COM OS COLEGAS.

ALMANAQUE HISTORINHAS DE UMA PÁGINA DA TURMA DA MÔNICA, DE MAURICIO DE SOUSA. SÃO PAULO: PANINI COMICS, N. 8, FEV. 2013.

7 LEIA O SIGNIFICADO DESTAS PALAVRAS:

EXPOSIÇÃO: EXIBIÇÃO, MOSTRA AO PÚBLICO DE OBRAS DE ARTE, ANIMAIS, OBJETOS.	**EXPLICAR**: MOSTRAR COM PALAVRAS UMA IDEIA. DIZER NOVAMENTE ALGO QUE JÁ DISSEMOS.

- AGORA, EXPLIQUE COM SUAS PALAVRAS A HISTÓRIA QUE VOCÊ LEU ACIMA.

....

....

....

IDEIAS EM AÇÃO

OBSERVE ESTA OBRA DE ARTE.

PEIXES VERMELHOS, ÓLEO SOBRE TELA DE HENRI MATISSE, 1911. MUSEU ESTATAL PUSHKIN DE BELAS ARTES, EM MOSCOU, RÚSSIA.

AGORA, FAÇA O QUE SE PEDE.

1. QUE OBJETO COM ÁGUA DENTRO ESTÁ SOBRE A MESA E SEU NOME É ESCRITO COM **QU**? DESENHE E ESCREVE.

....

2. O QUE HÁ DENTRO DELE? ESTÁ NO PLURAL E TEM **X** NO NOME?

....

3. ESCREVA O NOME DO ANIMAL E DA COR QUE INDICA A QUALIDADE DELE.

....

4. ESCREVA A PALAVRA QUE INICIA COM A SÍLABA **NA** E INDICA A AÇÃO DOS PEIXES NO AQUÁRIO.

....

SUGESTÕES PARA O ALUNO

Reprodução/Editora Ática

ALFABETO DOS PINGOS!, DE MARY E ELIARDO FRANÇA. SÃO PAULO: ÁTICA.

NESTE LIVRO, SETE PINGOS NASCIDOS DE UMA GOTA DE TINTA FAZEM UM PASSEIO PELO ALFABETO. ELES MOSTRAM COMO PODE SER DIVERTIDO APRENDER CADA LETRA.

Reprodução/Editora Moderna

DE LETRA EM LETRA, DE BARTOLOMEU CAMPOS DE QUEIRÓS. SÃO PAULO: MODERNA.

O LIVRO CONVIDA O LEITOR INICIANTE A DESCOBRIR, NOS PRÓPRIOS ELEMENTOS DO MUNDO À SUA VOLTA, PALAVRAS QUE SÃO ESCRITAS COM A MESMA LETRA DE SEU NOME. USANDO HUMOR, RIMAS, FANTASIA E O INESPERADO, O AUTOR PROPÕE ÀS CRIANÇAS (E A SI PRÓPRIO) UMA "BRINCADEIRA DE POETA": ESCREVER PEQUENOS E DELICADOS TEXTOS COM PALAVRAS COMEÇADAS POR UMA CERTA LETRA.

Reprodução/Editora Ática

O MENINO QUE DESCOBRIU AS PALAVRAS, DE CINEAS SANTOS E ARCHANJO. SÃO PAULO: ÁTICA.

DEPOIS DE APRENDER A FALAR, QUANDO ESTAMOS COMEÇANDO A ESCREVER, AINDA NÃO PRESTAMOS MUITA ATENÇÃO NAQUILO QUE DIZEMOS OU NO QUE DIZEM PARA NÓS.

ESTE LIVRO, EM FORMA DE POEMA, MOSTRA A IMPORTÂNCIA E A FORÇA DAS PALAVRAS.

Reprodução/Editora Cosac & Naify

ONDE VIVEM OS MONSTROS, DE MAURICE SENDAK. SÃO PAULO: COSAC & NAIFY.

VOCÊ TEM MEDO DOS MONSTROS? JÁ PAROU PARA PENSAR QUE, ÀS VEZES, NÓS NOS COMPORTAMOS MONSTRUOSAMENTE? **ONDE VIVEM OS MONSTROS** CONTA A VIAGEM DO MENINO MAX, QUE, DEPOIS DE TER FEITO UMA GROSSERIA, É MANDADO PARA O QUARTO SEM JANTAR. PARA ONDE SERÁ QUE ELE VAI VIAJAR?

Reprodução/Mauricio de Sousa Produções Ltda.

TURMA DA MÔNICA E O ABC, DE MAURICIO DE SOUSA E YARA MAURA SILVA. SÃO PAULO: MELHORAMENTOS.

NADA MELHOR DO QUE APRENDER COM OS AMIGOS... NA COMPANHIA DA TURMA DA MÔNICA, VOCÊ NÃO VAI MAIS TER DÚVIDAS SOBRE AS LETRAS DO ALFABETO E AINDA VAI SE DIVERTIR COM OS TEXTOS EM VERSOS.

Reprodução/Editora Salamandra

MARCELO, MARMELO, MARTELO E OUTRAS HISTÓRIAS, DE RUTH ROCHA. SÃO PAULO: SALAMANDRA.

CONSIDERADO UMA OBRA-PRIMA DA LITERATURA INFANTO-JUVENIL BRASILEIRA, ESTE LIVRO TRAZ TRÊS HISTÓRIAS: MARCELO É UM MENINO CURIOSO E ESPERTO QUE PROCURA ENTENDER OS SIGNIFICADOS DAS COISAS E POR QUE ELAS SÃO COMO SÃO. TERESINHA E GABRIELA DESCOBREM A IDENTIDADE NA DIFERENÇA E CARLOS ALBERTO COMPREENDE A IMPORTÂNCIA DA AMIZADE.

Reprodução/Editora Companhia das Letrinhas

UMA LETRA PUXA A OUTRA, DE JOSÉ PAULO PAES E KIKO FARKAS. SÃO PAULO: COMPANHIA DAS LETRINHAS.
IDEAL PARA QUEM ESTÁ CONHECENDO O ALFABETO, ESTA CARTILHA MODERNA TRAZ UMA QUADRINHA PARA CADA LETRA. **UMA LETRA PUXA A OUTRA** MOSTRA QUE APRENDER PODE SER MUITO DIVERTIDO.

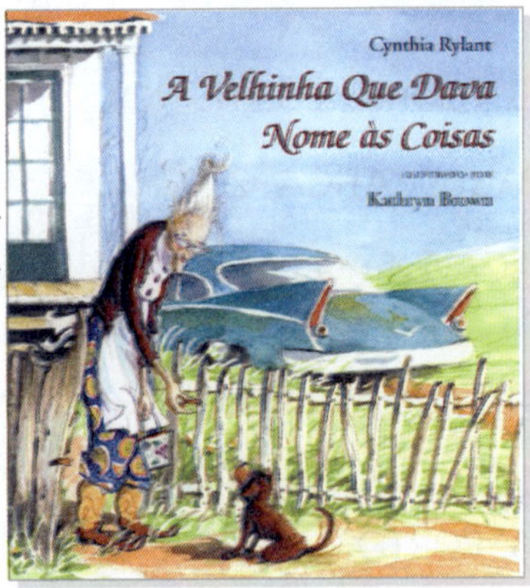

Reprodução/Editora Brinque Book

A VELHINHA QUE DAVA NOME ÀS COISAS, DE CYNTHIA RYLANT. SÃO PAULO: BRINQUE-BOOK.
ERA UMA VEZ UMA VELHINHA QUE JÁ NÃO TINHA NENHUM AMIGO, POIS TODOS ELES HAVIAM MORRIDO. POR ISSO, ELA COMEÇOU A DAR NOME ÀS COISAS QUE DURARIAM MAIS QUE ELA: SUA CASA, SEU CARRO, SUA POLTRONA. ATÉ O DIA EM QUE UM CACHORRINHO APARECEU NO SEU PORTÃO...

BIBLIOGRAFIA

ADAMS, M. J. ET AL. *CONSCIÊNCIA FONOLÓGICA EM CRIANÇAS PEQUENAS.* PORTO ALEGRE: ARTMED, 2006.

ANTUNES, I. *GRAMÁTICA CONTEXTUALIZADA:* LIMPANDO "O PÓ DAS IDEIAS SIMPLES". SÃO PAULO: PARÁBOLA EDITORIAL, 2007.

_________. *MUITO ALÉM DA GRAMÁTICA:* POR UM ENSINO DE LÍNGUAS SEM PEDRAS NO CAMINHO. SÃO PAULO: PARÁBOLA EDITORIAL, 2007.

AZEREDO, J. C. DE. *GRAMÁTICA HOUAISS DA LÍNGUA PORTUGUESA.* SÃO PAULO: PUBLIFOLHA, 2014.

BAGNO, M. *GRAMÁTICA PEDAGÓGICA DO PORTUGUÊS BRASILEIRO.* SÃO PAULO: PARÁBOLA EDITORIAL, 2012.

BECHARA, E. *MODERNA GRAMÁTICA PORTUGUESA.* RIO DE JANEIRO: NOVA FRONTEIRA, 2009.

BELINTANE, C. *ORALIDADE E ALFABETIZAÇÃO:* UMA NOVA ABORDAGEM DA ALFABETIZAÇÃO E DO LETRAMENTO. SÃO PAULO: CORTEZ, 2013.

CAGLIARI, L. C. *ALFABETIZAÇÃO & LINGUÍSTICA.* SÃO PAULO: SCIPIONE, 2009. (PENSAMENTO E AÇÃO NA SALA DE AULA).

CAMARA JÚNIOR, J. M. *DICIONÁRIO DE LINGUÍSTICA E GRAMÁTICA:* REFERENTE À LÍNGUA PORTUGUESA. PETRÓPOLIS: VOZES, 2009.

_________. *MANUAL DE EXPRESSÃO ORAL E ESCRITA.* PETRÓPOLIS: VOZES, 2012.

CEGALLA, D. P. *DICIONÁRIO DE DIFICULDADES DA LÍNGUA PORTUGUESA.* RIO DE JANEIRO: LEXIKON, 2009.

CUNHA, C.; CINTRA, L. F. L. *NOVA GRAMÁTICA DO PORTUGUÊS CONTEMPORÂNEO.* RIO DE JANEIRO: NOVA FRONTEIRA, 2013.

INSTITUTO ANTÔNIO HOUAISS; AZEREDO, J. C. (COORD.). *ESCREVENDO PELA NOVA ORTOGRAFIA:* COMO USAR AS REGRAS DO NOVO ACORDO ORTOGRÁFICO DA LÍNGUA PORTUGUESA. SÃO PAULO: PUBLIFOLHA, 2013.

LUFT, C. P. *NOVO GUIA ORTOGRÁFICO.* SÃO PAULO: GLOBO, 2013.

MICOTTI, M. C. DE O. (ORG.). *LEITURA E ESCRITA:* COMO APRENDER COM ÊXITO POR MEIO DA PEDAGOGIA DE PROJETOS. SÃO PAULO: CONTEXTO, 2009.

MORAIS, A. G. *SISTEMA DE ESCRITA ALFABÉTICA.* SÃO PAULO: MELHORAMENTOS, 2012. (COMO EU ENSINO).

NÓBREGA, M. J. *ORTOGRAFIA.* SÃO PAULO: MELHORAMENTOS, 2013. (COMO EU ENSINO).

PERINI, M. A. *PARA UMA NOVA GRAMÁTICA DO PORTUGUÊS.* SÃO PAULO: ÁTICA, 2007.

SAVIOLI, F. P.; FIORIN, J. L. *PARA ENTENDER O TEXTO:* LEITURA E REDAÇÃO. SÃO PAULO: ÁTICA, 2007.

TRAVAGLIA, L. C. *NA TRILHA DA GRAMÁTICA:* CONHECIMENTO LINGUÍSTICO NA ALFABETIZAÇÃO E LETRAMENTO. SÃO PAULO: CORTEZ, 2013.

ZABALA, A.; ARNAU, L. *COMO APRENDER E ENSINAR COMPETÊNCIAS.* PORTO ALEGRE: ARTMED, 2010.

Material de apoio

MARCHA CRIANÇA

Caderno de Jogos

1º ANO

Goritza/Shutterstock/Glow Images

editora scipione

Instruções para o **Jogo da memória**

Número de participantes: 1 ou mais
Como jogar:

- Destaque as 36 cartas das páginas 1, 3 e 5.
- Embaralhe as cartas e distribua-as sobre a mesa, com os desenhos virados para baixo.
- Cada jogador deve virar duas cartas e, se elas formarem um par de singular e plural do mesmo substantivo, ele fica com as cartas, retirando-as da mesa. O jogador tem, então, direito a mais uma jogada, e assim por diante, até que não consiga formar um par. O próximo jogador deve proceder da mesma maneira.
- Vence o jogo quem conseguir juntar mais pares de cartas.

Instruções para o **Jogo do mico**

Número de participantes: no mínimo 2
Como jogar:

- Destaque as 35 cartas das páginas 7, 9 e 11.
- Embaralhe as cartas e distribua-as entre os jogadores.
- Cada jogador deve verificar, entre as suas cartas, se há pares de sinônimos e antônimos, mostrá-los aos outros participantes e colocá-los sobre a mesa.
- Os jogadores deverão segurar o restante das cartas na mão, formando um leque, sem que os outros jogadores vejam suas cartas.
- Em seguida, um jogador inicia pegando uma carta do jogador à sua direita. Se com ela o jogador formar mais um par, ele deve colocá-lo sobre a mesa, com os demais pares já formados.
- Os outros participantes devem proceder da mesma maneira, até que todos os pares estejam formados e reste somente a carta do "mico". A carta do "mico" não tem par e, quem ficar com ela, perde o jogo.